ちくま学芸文庫

事物のしるし

方法について

ジョルジョ・アガンベン
岡田温司　岡本源太 訳

筑摩書房

目次

事物のしるし——方法について

凡例

一、本書は、Giorgio Agamben, *Signatura rerum. Sul metodo*, Torino, Bollati Boringhieri, 2008 の全訳である。

二、原文に散見される誤植は、フランス語版（Giorgio Agamben, *Signatura rerum. Sur la méthode*, traduit par Joël Gayraud, Paris, Vrin, 2008）、ドイツ語版（Giorgio Agamben, *Signatura rerum. Zur methode*, übersetzt von Anton Schütz, Frankfurt am Main, Suhrkamp, 2009）、英語版（Giorgio Agamben, *The signature of all things: on method*, translated by Luca D'Isanto with Kevin Attell, New York, Zone Books, 2009）などを参照しつつ、とくに断りなく訂正して訳した。

三、固有名に関しては、おもに『ドゥーデン発音辞典』（*Duden Aussprachewörterbuch*, 3. Aufl. Mannheim, Dudenverlag, 1990）に記載の発音に近づけたが、慣用にしたがったものもある。なおギリシア名、ラテン名の長音は無視した。

四、本書で引用される文章については、可能なかぎり原典および既訳の邦語文献にあたって確認したものの、原則的にはアガンベンのイタリア語訳を尊重して訳した。ただし、著しい脱落や改変があった場合、補って訳した箇所もある。

五、アガンベンが原典と並んで既存のイタリア語訳（ないし他言語訳）を参照している場合、原文では既訳書の頁数のみが指示されているが、日本でフーコーやフロイトなどのイタリア語訳が参照困難なことに鑑みて、訳文では原典の頁数に置き換えた。

六、原文での文献指示は、同じ文献が連続する場合であっても、頁ごとにあらためて著者名と刊行年を表記しているが、訳文では頁割が異なるため、同じ文献が連続している場合には *ibid.* にした。

七、原文の《 》は、訳文では「 」とした。

八、原文の大文字は、慣用化している語（神など）を除いて、訳文では〈 〉とした。

九、原文のイタリック体は、以下のようにした。

・強調は傍点。

・書名は『 』。

・論文名は「　」。
・芸術作品名は《　》。
・イタリア語以外の言語は、原則的には〈　〉で括って訳出し、節の初出時に原語を（　）で括って併記。ただし例外として、(1)カタカナ表記が慣用化している語（ア・プリオリやアルケーなど）は括弧で括らずにカタカナ表記、(2)原文で（　）ないし［　］で括られている場合は訳さずに原語表記、(3)そのほか文脈次第では訳さずに原語表記。

十、訳文中の〔　〕は、訳者による補足ないし原語挿入である。

はしがき

人文科学の研究実践に通じている者なら周知のことだが、一般に思われているのとは逆に、方法それ自体についての反省は往々にして、実践に先立ってというよりもむしろそのあとになされる。つまり、問題になっているのはいわば最後の、ないし最後から二番目の思考である。これによってわたしたちは友人や関係者と議論をかわす。そしてこのことが正当化されるのは、ひとえに研究に長く親しんできたという事実による。

ここに集められた三つの論考には、方法に特有の三つの問題に関する著者の反省が含まれている。すなわち、パラダイムという概念、しるしの理論、歴史学と考古学の関係、の三つの問題である。これらの反省がどれもひとりの研究者、つまりミシェル・フーコー——著者は、近年、彼から多くを学びとる機会を得た——の方法についての考察として呈示されているとすれば、それは本書では議論されない方法論の原理の一つのためである。著者はそれをヴァルター・ベンヤミンに負っているが、その原理によれば、ある教説が正当に説明されるのはただ解釈というかたちでのみなのである。注意深い読者なら、この三つの論考のなかでフーコーに帰されるべきものと、著者の見解とされるべきものと、両者に負っているものとを選り分けることができるだろう。一般に思われているのとは逆に、実のところ方法というのは、それがもちいられている文脈から完全に切り離すことができないという不可能性を、論理と共有している。あらゆる分野で有効な方法というものは、ちょうどその対象を捨象できる論理が存在しないのと同じように、存在しないのである。

著者がしばしばもちいているまた別の方法論の原理——これについても本書では論じない——にしたがえば、芸術であれ、科学であれ、思想であれ、あらゆる作品における純粋に哲学的な要素とは、その発展させられうる能力である。それをルートヴィヒ・アンドレアス・フォイアバハは〈発展可能性〉（*Entwicklungsfähigkeit*）として定義した。まさにこの原理にしたがうなら、作品の著者に属するものと、それを解釈し発展させる者に帰されるものとの差異は、本質的であると同時に捉えがたいものになる。そのため著者はあえて、自分のものでない思想や研究経過を自分のものとしてしまうよりも、逆に他人のテクストに、そこから徐々に精錬していったものを帰するという危険を冒すことのほうを選んだ。

ともあれ、人文科学のあらゆる研究は——そして方法についての本書の反省もまた——考古学的な慎重さをともなうべきだろう。すなわち、なにかが不明瞭で主題化されないまま残されている点にまで遡るべきなのである。みずからが語らずにいることを隠蔽せず、たえずそれを把握し、展開する思考だけが、実際のところ、オリジナリティを主張できるのだ。

第一章　パラダイムとはなにか

1

　これまでの研究のなかでわたしが分析することになった形象――〈ホモ・サケル〉(*homo sacer*) と回教徒、例外状態と強制収容所――は、それぞれ程度の差こそあれ、たしかに実証的な歴史の現象にはちがいない。が、わたしの研究のなかでは、それらはパラダイムとして扱われた。パラダイムの機能とは、より広い歴史的な問題の文脈全体を構成し、理解できるようにすることにある。このことが誤解を引き起こし、とりわけわたしが純粋に歴史記述的な性格のテーゼや再構成を差し出そうとしたのだと勘違いしてしまった――多かれ少なかれ善意をもって――人々があらわれたため、ここで哲学と人文科学におけるパラダイムの使用の意味と機能についてしばし考察をくわえることは、時宜を得たことだろう。

ミシェル・フーコーは、その著書において、いくども「パラダイム」という表現をもちいているが、正確にそれを定義してはいない。またフーコーは、『知の考古学』のなかでも、それ以降の書物のなかでも、みずからの研究の対象を――歴史学の対象と区別しようとして――「実定性」「問題化」「装置」「言説形成」といった用語で、より一般的には「知」という用語で指し示している。一九七八年五月にフランスの哲学会でおこなわれた講演では、「知」をどのように理解すべきかを、こう定義している。すなわち、「知」という言葉は、ある特定の分野がある特定の機会に受け入れる準備のできている認識のあらゆる過程とあらゆる結果を指し示す」という。そのあとすぐにフーコーは、権力の概念との必然的な関連を示すために、こう付け加えている。

実際、一方では、ある特定の時代のある特定の科学言説に固有の規則と制約の全体に順応しないならば、他方では、単純に合理的であるか一般的に認められているかによって科学的というお墨付きをもらっているものに典型的な強制の効果が与えられないならば、知の要素は形成されえない。(Foucault 1994, III, 54-55)

これらの概念と、トーマス・クーンがその著作『科学革命の構造』(一九六二年)で「科学的パラダイム」と呼んだものとのあいだにあるアナロジーは、これまでもすでに指摘されてきた。たとえフーコーがパラダイムのはたらきを主題化していないにしても、ヒューバート・ドレイファスとポール・ラビノウによれば、「彼の仕事がこうした概念をもちいる傾向にあることは、明白と思える。[……]彼の方法は、言説をあるパラダイムの歴史的分節として記述するものであり、分析を着想する仕方は、彼が社会的パラダイムおよびその具体的な適用を取り出し、記述したことを示唆している」(Dreyfus and Rabinow, 199)。しかしながら実際にはフーコーは、「感嘆すべき決定的な」クーンの本を読んだのは『言葉と物』を書きおえたあとでしかなかったと表明しており(Foucault 1994, II, 239-40)、その研究のなかではけっしてクーンの書物に言及していない。さらにジョルジュ・カンギレムの著作のアメリカ版(一九七八年)に寄せた序文では、むしろ距離を取っているようにすら見える。

それ(規範)を、理論構造や現行のパラダイムと同一視することはできない。というのも、今日の科学的真理はそれ自体エピソードでしかなく、せいぜいのところ暫定的な項でしかないからだ。過去へと向かい、その歴史を実質的に辿ることができるのは、トーマス・クーンが言う意味での「通常科学」に訴えることによってではない。そうではなく、「規範化=通常化された」過程をふたたび見いだすことによってである。現行の知は、この過程の一契機でしかないのである。(*ibid.*, III, 436-37)

したがって、なによりもまず検証する必要があるのは、二つの方法のあいだのアナロジーが、むしろ異なる研究の問題・戦略・水準に対応しているのではないかということ、そしてフーコーの考古学の「パラダイム」がクーンによるところの科学革命の所産を示すパラダイムと単純に同義なのかどうかということだろう。

2

クーンは、異なる二つの意味でパラダイムの概念をもちいたことを認めている(Kuhn, 182)。第一に――これについてクーンは「専門母型」という語に替えることを提案しているが――パラダイムが指し示すのは、ある特定の科学共同体のメンバーに共有されているもの、すなわち共同体のメンバーが多かれ少なかれ意識的に受け入れる技術・モデル・価値の全体である。第二の意味では、パラダイムとはそうした全体の個々の要素――アイザック・ニュートンの『プリンキピア』やプトレマイオスの『アルマゲスト』――である。これは共有された範例としてはたらき、明白な規則に代わって、研究の個別的で具体的な伝統を定義できるようにする。

クーンがルドヴィク・フレックにおける〈思考様式〉(*Denkstil*)の概念——これは〈思考集合体〉(*Denkkollectiv*)の内部に関与するものとしないものを定義する——を発展させることで問題にしたのは、通常科学の構成を可能にするものをパラダイムを通して検討すること、つまり、共同体が科学的だと考えるべき問題とそうでない問題とを決定することだった。その意味では、通常科学が意味しているのは、厳密で一貫した規則の体系に統制された科学のことではない。反対に、クーンによれば規則のほうがパラダイムから派生するため、パラダイムは規則がないときでも「通常科学を決定することができる」(*ibid.*, 46)。このパラダイムの第二の意味をこそ、クーンは「もっとも新しく」深いものだと考えている(*ibid.*, 187)。パラダイムとは、たんに一つの範例であり、個別の事例なのである。それは反復可能性を通して、科学者たちの研究の活動と実践をひそかに制御する能力を獲得する。このように、科学性の準則としての規則の帝国のあとを、パラダイムの帝国が引き継ぎ、法則の普遍的な論理のあとを、特殊で単独の範例の論理が引き継ぐのである。そして、ある古いパラダイムが、ある通約不可能な新しいパラダイムに取って代わられるとき、クーンが科学革命と呼ぶものが生じることになる。

3

フーコーの研究にきわめて一貫して見られる傾向の一つは、権力の問題への伝統的なアプローチの放棄である。伝統的なアプローチは、司法と制度のモデルおよび普遍的なカテゴリー（法、国家、主権の理論）にもとづいていた。これらに代わってフーコーは、権力が臣民の身体そのものに浸透し、その生活形式を統治しようとする具体的な諸装置の分析を提唱する。ここで、クーン的なパラダイムとのアナロジーは重要な確証を見いだすかにみえる。クーンが、通常科学を構成する規則の特定と検討を脇に置き、科学者たちの行動を決定しているパラダイムに集中したように、フーコーもまた、権力の理論における司法モデルの伝統的優位を問いなおし、国家が個人の生への配慮を内部に統合するさまざまな規律と政治技術を前景化させる。さらに、クーンが通常科学を、それを規定する規則の体系から区別したように、フーコーもまたしばしば、規律権力を特徴づける「規範化」を、司法手続きの分類から区別している。

けれども、もしこれら二つの方法の近しさが疑いないものに思えるとすれば、クーンについてフーコーが沈黙していることだけでなく、フーコーが『知の考古学』でまさに「パラダイム」という用語を避けようと配慮しているように見えることもまた、なおのこと謎めいているだろう。たしかに、この沈黙の理由は個人的なものでもありうる。すでに引用したが、クーンの名前を引かなかったことを咎めたジョージ・スタイナーへの反論のなかで、フーコーはクーンの書物を読んだのが『言葉と物』の執筆後でしかなかったことを説明したあと、こう言明している。「それだから、クーンを引用せずに、クーンの思想を形成し示唆を与えた科学史家を引用したのです。つまり、ジョルジュ・カンギレムです」(Foucault 1994, II, 240)。このような主張は、どう少なく見積っても意表を突くものだ。というのもクーンは、フランスのふたりのエピステモローグ〔認識論者〕、アレクサンドル・コイレとエミール・メイエルソンに負うものがあることをはしがきで打ち明けてはいるが、カンギレムについては、その書物のなかでけっして名前を挙げていないからだ。フーコーが軽々しくそう主張できたわけではないことはたしかである。とすれば、彼とカンギレムとの密接な関係に鑑みるに、考えられるのは、フーコーがクーンにたいしてその無礼のお返しをしようとした、ということである。とはいえ、たとえフーコーが個人的な動機に無感覚でなかったとしても、フーコーの沈黙の理由がたんにこうした種類のものでありえないことはたしかだろう。

4

実際、フーコーの書いたものをもっと注意深く読むなら、このアメリカのエピステモローグの名前を挙げていなくとも、フーコーがいくつもの機会にクーンのパラダイムの概念を考慮に入れていることは明白である。一九七六年のアレッサンドロ・フォンタナとパスクァーレ・パスクィーノによるインタヴューのなか、フーコーは非連続性の概念に関して、みずからの取り組む「言説体制」をはっきりとパラダイムに対置している。

> したがって、内容の変化（古い誤謬の反駁、新しい真理の発見）でも、理論形式の変質（パラダイムの刷新、体系全体の修正）でもないのです。問題になっているのは、言表を統御する［*régit*］ものであり、また各言表がおたがいを統御し［*régissent*］あうその仕方です。そうすることで言表は、科学的に受け入れられうる、そして科学的手続きを通して検証されたり反証されたりする結果により訂正されうる、そのような命題の全体を構成することになるのです。要するに、重要なのは、科学的言表の政治、その体制［*régime*］の問題なのです。このレヴェルでは、外側から科学を圧迫する権力がどのようなものなのかではなく、権力のどのような効果が科学的言表のあいだに流通しているのかを知ることです。つまるところ、どうであれ権力に内在するその体制とはいったいな

んなのでしょうか。いかにして、またなぜ、あるときにその体制は包括的な仕方で改められるのでしょうか。（*ibid.*, III, 143-144）

その数行あとでも、『言葉と物』に言及しつつ、言説体制（純粋に政治的な現象）とパラダイム（科学的真理の基準）との隔たりがさらに主張される。

わたしの仕事に欠けていたのは、この言説体制の問題でした。つまり、言表の作用に固有の権力の効果という問題です。これは、あまりにも体系性や理論形式、あるいはなにかパラダイムのようなものと混同されていたのです。（*ibid.*, 144）

したがって、ある点でフーコーはクーンのパラダイムとの近しさをあまりに強く感じていたが、それは実際の親近性の結果というよりも、混同の結果だったのである。フーコーにとって決定的だったのは、パラダイムをエピステモロジーから政治へと移すことであり、言説体制と言表の政治の平面へとずらすことだった。そのとき問題になるのは、もはや「理論形式の変質」ではなく、むしろ「権力に内在する体制」、言表が「おたがいを統御しあい全体を構成する」仕方を決定するその体制である。

こうしたパースペクティヴのなかで『知の考古学』を読むなら、フーコーがすでに一九六九年に——はっきりと名指すことはないにせよ——自覚的に、みずからの研究の主題をクーンのパラダイムから区別しようとしていたことがわかるだろう。フーコーの取り組む言説形成は、「ある特定の時点の認識の状態」を定義しようとするわけではない。

> そうした認識は、その時点からしてすでに、決定的獲得のステータスを証明し引き受けることのできるものの決算になってはいないし、また逆に証拠も充分な説明もなしに受け入れられたものの決算にも、あるいは共通の信念によって認められるか想像力によって要請されるかしたものの決算にもなっていない。実定性を分析するとは、言説実践がいかなる規則にしたがって対象のグループ、言表の全体、概念の作用、一連の理論的選択をかたちづくるのかを、示すことである。(Foucault 1969, 236-237)

そのさらに少し先で、フーコーはクーンのパラダイムに対応するとおぼしきものを記述しているが、それをむしろ「エピステモロジー的形象」ないし「エピステモロジー化の閾」と呼ぼうとしている。

> 言説形成の作用のなか、言表の全体が浮き彫りにされ、検証と一貫性の規範を（成功せずとも）主張しようとし、さらに知について支配的な機能（モデルの、批判の、検証

の）をはたらかせるとき、言説形成がエ、ピ、ス、テ、モ、ロ、ジ、ー、化、の、閾、に達する、と言われるだろう。そのように描き出されたエピステモロジー的形象が、ある特定数の形式的基準にしたがうとき……（*ibid*., 243-244）

用語の変更はたんに形式的なものではない。フーコーは『知の考古学』のはしがきと完全に一貫した仕方で、主体（科学共同体のメンバー）の観点にもとづいた通常科学の構成を可能にする基準から、主体へのいかなる準拠もない「言表の全体」と「形象」（「言表の全体が浮き彫りにされ」「そのように描き出された……形象」）の純粋な生起へと、注意を移しているのである。そして、さまざまなタイプの科学史にたいして、フーコーがエ、ピ、ス、テ、ー、メ、ー、という固有の概念を定義するとき、そこでもまた、規範や共通公理を主体に押しつける世界観や思考パターンのようなものを特定することが問題なのではない。むしろエピステーメーとは、「ある特定の時代にあって、エピステモロジー的形象、科学、ことによると形成された体系、といったものを生じさせる言説実践を統一しうる関係の全体」（*ibid*., 250）なのである。エピステーメーが定義するのは、クーンのパラダイムのようにある特定の時代に知りうることなのではなく、ある特定の言説ないしエピステモロジー的形象が与えられているという事実に含まれているものである。つまり、「科学的言説の謎において争点になっているのは、科学たるための権利ではなく、それが現実存在しているという事実である」(*ibid.*, 251)。

『知の考古学』は、歴史記述の非連続主義のマニフェストとして読まれてきた。こうした定義——フーコーはいくどもそれに抵抗した——が正確なものであろうとなかろうと、たしかなのは、この書物のなかでフーコーがあくまでも文脈と全体を構成するものに、つまり「形象」と系列の実定的な現実存在にとりわけ関心を向けているように思われることである。ただし、これらの文脈は、まったく個別的なエピステモロジー的モデルにしたがって生み出される。このエピステモロジー的モデルは、歴史研究に一般的に認められるものとは一致せず、クーンのパラダイムとも一致しない。そのため、このエピステモロジー的モデルを特定することが問題となる。

5

それはパノプティズムであるだろう。フーコーが『監獄の誕生』の第三部で分析しているものだ。そこでまず問題となっているのは、ある単独の歴史的現象、つまりパノプティコンという建築モデルである。一七九一年にジェレミー・ベンサムがダブリンにて『パノプティコンあるいは監獄、どのような種類の制度にも応用できる新しい建築原理のアイディアが含まれており、そのなかではどのような身なりの人間も監視のもとに置かれる……』という題で公刊したものである。その本質的な性格を、フーコーは次のように喚起している。

原理はよく知られている。周囲には円になった建物がある。中央には塔がある。この塔には大きな窓が穿たれていて、円の内側に向けて開かれている。周囲の建物は部屋に区切られており、その部屋のそれぞれが建物の厚み全体を占めている。部屋には二つの窓がある。一つは塔の窓に対応した内側の窓、もう一つは外側へと開かれ、部屋の隅々まで光が届くようにしてある。このとき、中央の塔にひとりの看守を配置し、各部屋に狂人、病人、罪人、労働者、学生を閉じ込めれば、それで充分である。逆光の効果で、周囲の部屋に囚われた小さなシルエットが光からくっきりと浮かび上がり、塔からでも把握することができる。牢でもあり、小劇場でもある［……］。（Foucault 1975, 201-202）

けれども、パノプティコンとはまた同時に「一般化しうる機能のモデル」（*ibid.*, 206-207）でもある。すなわち、「パノプティズム」とは、「ある全体の原理」にして「権力のパノプティコン的様態」（*ibid.*, 223）のことである。このように、パノプティコンは「特殊な使用すべてから切り離すことができ、またそうしなければならない政治技術の形象」

(*ibid.*, 207)である。それは、たんなる「夢の建築」なのではなく、「理想型にまでもたらされた権力のメカニズムのダイアグラム」(*ibid.*)なのである。端的に言えば、パノプティコンは本来の意味でパラダイムとして機能する。つまり、同じクラスのほかのものすべてに当てはまり、全体を理解できるようにする単独の対象として機能するのである。そのとき全体は、その部分をなす単独の対象によって構成されることになる。『監獄の誕生』を読んだ者ならよく知っているように、パノプティコンは、規律についてのセクションのおわりに置かれ、権力の規律的様態の理解にとって決定的とも言える戦略的な機能をはたしている。パノプティコンはまた、エピステモロジー的形象のようなものとなっていて、近代の規律世界を規定すると同時に、そこから管理社会へと移っていく閾を示すものでもある。

フーコーの著作で問題とされているのは、孤立した一つの事例ではない。まったく逆に、言うなれば、パラダイムはこの意味でフーコーの方法のもっとも特徴的な身振りを定義している。〈大監収〉(*grand enfermement*)、告解、審問=調査、診断=試験、自己への配慮、こうしたたぐいの単独の歴史的現象がパラダイムとして扱われ、これらのパラダイムによって問題系のもっと広範な文脈が決定され、構築され、理解できるようになる。これこそが、歴史記述に関して、フーコーの研究の特殊性をかたちづくっているのである。

フーコーが示したのは、これまでにも指摘されているように、たんに年代的な句切りを通してつくられた文脈に比べて、メタファー的な場から生み出された文脈のほうが妥当だということである（Milo, 136）。すでにマルク・ブロックの『王の奇跡』、エルンスト・カントーロヴィチの『王の二つの身体』、リュシアン・フェーヴルの『ラブレーの宗教』といった書物にあらわれていた動向にしたがって、フーコーはメタファー的な文脈の優位を復権させ、メトニミー的な文脈（十八世紀、南フランス）の専制的な支配から歴史記述を解放したというのである。この指摘が正当なものとなるのは、少なくともフーコーにとって問題はメタファーではなく、すでに見たような意味でのパラダイム、つまりメタファー的な意味の転用の論理にしたがうのではなく、範例のアナロジー的な論理にしたがうパラダイムなのだということをはっきりさせるときのみである。このときわたしたちが関わっているのは、同じ意味論構造によって異なる現象の数々を指し示すために拡張された表現などではない。パラダイムは、ただその固有の単独性を提示することで、新しい全体を理解可能にするという点において、メタファーよりもアレゴリーに似ており、所属している文脈から切り離された単独の事例である。パラダイムそれ自体が、その新しい全体の均一性を構築するのである。したがって、範例を挙げるのは複雑な行為である。というのも、そのときパラダイムの役割をはたす項が通常の使用からはずされることが前提されているのだが、それはほかの領域に移されるためにではなく、むしろ逆に、ほかの方法では明らかにされえないこの使用の準則を示すためになのである。

ところで、セクストゥス・ポンペイウス・フェストゥスが伝えるところによれば、古代ローマ人たちは*exemplar*と*exemplum*を区別していたという。前者の*exemplar*は、感覚によって評価され（*oculis conspicitur*）、わたしたちが模倣すべきものを指し示す（*exemplar est quod simile faciamus*）。逆に後者の*exemplum*はもっと複雑な評価を要請し（たんに可感的［*animo aestimatur*］ではない）、とりわけ道徳的で知性的な意味をもっている〔Festus, 72〕。フーコー的なパラダイムは、同時にこの二つである。たんに通常科学の構成を命じる規範とモデルというだけでなく、すぐれて*exemplum*でもあり、言表行為と言説実践を新しい可知的な全体と問題文脈のうちにとりまとめることを可能にするのだ。

6

範例のエピステモロジーの〈標準的典拠〉（*locus classicus*）は、『分析論前書』にある。この書物のなかで、アリストテレスは、パラダイムによる手続きを帰納および演繹から区別している。アリストテレスが書くには、「明らかなのは、パラダイムが、全体にたいする部分として［*hòs méros pros hólon*］でもなく、部分にたいする全体として［*hòs hólon pros méros*］でもなく、部分にたいする部分として［*hòs méros pros méros*］はたらくこと、ただしその二つの部分が同一の類のもとにあり、一方のほうが他方よりもよく知られている場合にそうであること、である」(『分析論前書』69a, 13-14)。つまり、帰納が個別から普遍へと進み、演繹が普遍から個別へと進むのにたいして、パラダイムを定義するのは第三のパラドクシカルな運動であり、個別から個別へと進むのである。範例は認識の特殊なかたちをなしており、普遍と個別を分節して進むのではなく、個別の平面にとどまりつづけるように見える。アリストテレスによるパラダイムの論究は、こうしたおおまかな考察以上にはなされず、個別にとどまる認識のステータスもそれ以上問われてはいない。アリストテレスは、個別に共通の類があらかじめ存在していると考えていたように見えるが、それだけでなく、範例に属している「最大の認識可能性」(*gnōrimṓteron*)のステータスが定義しえないままにとどまると考えていたようにも見える。

パラダイムのエピステモロジー的なステータスが明瞭になるのは、アリストテレスのテーゼを根源的におしすすめ、パラダイムが個別と普遍の二元論的な対立を問いなおしていることを認識するときだけである。個別と普遍の二元論的な対立を、わたしたちは認識の手続きと分かちがたいものだと考える傾向にある。けれどもパラダイムは、二元論のどちらの項にも還元されない単独性を呈示する。パラダイムの言説体制は論理ではなく、むしろアナロジーである。そのアナロジーの理論を、いまや古典的となった書物のなかで再構成したのは、エンツォ・メランドリだった。パラダイムが産出するアナロゴンは、個別でも一般でもない。まさにここから、理解すべきパラダイム特有の価値が生じることになるのだ。

7

『線と円』において、メランドリは、アナロジーが西洋の論理を支配している二元論的な原理と対立するものであることを示した。第三項を排除する「AかBか」のドラスティックな二者択一にたいして、アナロジーはそのつど〈第三項が与えられている〉(*tertium datur*) ことを、執拗に「AでもなくBでもない」ことを、主張する。つまり、アナロジーが論理的な二元論〈個別/普遍〉〈形式/内容〉〈適法性/模範性〉など)に介入するのは、二元論をより高次の綜合のうちで結びあわせるためにではなく、まさしく電磁場のように実体的な同一性を失わせる両極的な緊張が張りつめた力の場へと、二元論を変形するためにである。けれども、どのような意味で、そしてどのような仕方で、このとき第三項が与えられるのだろうか。はじめの二項と均質な項としてでないことはたしかだ。そのようなものの同一性であれば、二項論理によって定義されうるだろう。二元論の視点からのみ、アナロゴン(ないしパラダイム)は、〈比較の第三項〉(*tertium comparationis*) としてあらわれることができる。アナロジー的な第三項は、ここでなによりも、はじめの二項の脱同一化と中和を通して証明される。はじめの二項はいまや区別しえなくなるのである。第三項とは、この区別しえなさである。もしそれを二項的区別を通して理解しようとするなら、必然的に決定しえないものに突き当たることになる。この意味で、一つの範例のうちで、そのパラダイム性を、つまり全体にたいするその価値を、ほかのさまざまなもののなかの一つの事例であることからはっきりと分離することはできない。磁場におけるように、外延的で累積的な量ではなく、ベクトル的な強度と、わたしたちは関わっているのである。

8

おそらく、『判断力批判』のある一節ほど、パラダイムと一般性とのパラドクシカルな関係がはっきりと表現されている箇所はない。その一節でイマヌエル・カントは、規則を与えることが不可能な範例のかたちで美的判断の必然性を考えている。

この必然性は、特別な種のものである。理論的な客観的必然性ではない。もしそうであれば、美しいと呼んだ対象にだれもがある快を感じることがア・プリオリだと考えうるだろう。また、実践的な必然性でもない。もしそうであれば、この快は純粋な合理的意志の必然的な結果だろう。純粋な合理的意志は、自由にふるまう存在の規則の役割をはたし、その意味で絶対的にふるまうべきことのほかは意味しない。美的判断で考えられる必然性としては、必然性はただ範例のかたちで〔*exemplarisch*〕しか定義されえない。つまり、提示する〔*angeben*〕ことのできない一般的な規則の範例〔*Beispiel*〕として見なしうる一つの判断に全員が合意するという必然性としてである。(Kant 1974a, 155-156)

実のところパラダイムは、カントによる美的判断のように、規則の不可能性を前提にしている。けれども、規則を欠いている、ないし規則が定式化しえないのだとすれば、範例はいったいどこからその立証価値を引き出すことができるのだろうか。そして、付与しえない規則の範例を示すことができるのは、いったいどのようにしてなのだろうか。

このアポリアが解決されるのは、次のことを理解するかぎりにおいてである。すなわち、パラダイムは、論理的推論のモデルとしての〈個別/一般〉という対を躊躇なく放棄することを含意しているということである。規則とは(もしここでなお規則について語りうるのだとすれば)、単独の事例に先立って存在していて適用される一般性でもなければ、個別の事例のあますところのない列挙から帰結するものでもない。むしろ、パラダイム的な事例のたんなる提示こそが、それ自体として適用されることも言表されることもありえない規則を構成するのである。

9

修道会の歴史に通じている者なら知っていることだが、少なくともはじめの数世紀について、史料で「規則」と呼ばれているもののステータスを理解するのは難しい。もっとも古い史料では、規則が意味しているのはたんに〈修道士の交わり〉（*conversatio fratrum*）、つまり特定の修道院の修道生活の仕方である。規則は往々にして、創設者の生活の仕方と同一視された。創設者の生活の仕方は、〈生の形式〉（*forma vitae*）として、つまり倣うべき範例として考えられたのである。そしてこんどはその創設者の生が、福音書で語られるようなイエスの生につらなるものとされる。やがて各修道会が発展し、ローマ教皇庁による統制の必要性が高まってくると、〈規則〉（*regula*）という語は、修道院で保管されている書かれたテクストの意味をますます帯びるようになる。そのテクストは、修道生活に入り、そこに書かれた規定と禁止にしたがうことを受け入れる者が、あらかじめ読んでおくべきものである。けれども、少なくとも聖ベネディクトゥスまでは、規則は一般的規範のことではなく、たんに生活共同体（「修道院」〔cenobio〕、*koinós bíos*）のことである。この生活共同体は、ある一つの範例から帰結している。したがって、修道士それぞれの生活は、つまるところパラダイム的なものになり、〈生の形式〉として構築される傾向にある。

このことが意味しているのは、アリストテレスとカントの考察を統合することでこう言いうるということである。すなわち、パラダイムが含意する運動は、単独から単独へと進み、そこから出ることなく、けっしてア・プリオリとして定式化できない一般的な規則の範例へとどんな単独の事例であっても変形するのだ、と。

10

一九四七年にヴィクトル・ゴルドシュミット――フーコーも知っており、評価していたと思える著者――は、『プラトンのディアレクティケーにおけるパラダイム』を刊行した。この非凡な哲学史家の書いたものはしばしばそうであるように、一見して瑣末な問題――プラトンの対話篇における範例の使用――の検討によって、プラトンの思想全体に、とりわけイデアと可感的なものとの関係に、新たな光を投げかけている。パラダイムはこの関係の専門的な表現であることが、明らかにされているのである。すでにジョルジュ・ロディエが指摘していたことだが、対話篇のなか、あるときはイデアが可感的なものにとってのパラダイムの役割をはたし、またあるときには可感的なもののほうがイデアのパラダイムとして呈示されている。この意味で、『エウテュプロン』では、敬虔のイデアが、それと対応する可感的なものの把握のためのパラダイムとして使用されているとすれば、『政治家』では逆に、可感的なパラダイム——機織り——がイデアの把握に導くものとなっている。『政治家』においてプラトンは、いかにして範例が認識を生み出しうるのかを説明するために、子供たちがさまざまな言葉のうちに認識できるシラブルの範例を「パラダイムのためのパラダイム」として導入する。

パラダイムが生じるのは、あるものがそれと離れている［*diespasménoi*、このギリシア語は「剝ぎ取られた、引き裂かれた」を意味する］別のもののなかにも見いだされながらも、正しく判断され、同一のものとして認識され、さらに一つに結びあわされて、それぞれにとっても、両方にとっても、真で唯一の意見を生み出すときである。(『政治家』278c)

この定義に註釈を加えながらゴルドシュミットが示すには、ここには同時に可感的でも精神的でもあるパラドクシカルな構造があるように見えるという。その構造をゴルドシュミットは「要素形相」と呼んでいる（Goldschmidt, 53）。別の言い方をすれば、パラダイムは、可感的な単独の現象であるにもかかわらず、なんらかのかたちで〈形相〉（*eídos*）を、定義すべき形相それ自体を、含んでいるのである。つまり、パラダイムは異なる二つの場で呈示されるたんなる可感的な要素なのではない。可感的なものと精神的なもの、要素と形相との関係とも言うべきものなのである（「パラダイム的な要素はそれ自体関係である」*ibid.*, 77）。想起——プラトンがしばしば認識のパラダイムとして使用する——において、可感的な現象がそれ自体との可感的でない関係に置かれ、そうして別のもののなかに再認されるように、パラダイムにおいても、たんにある可感的な類似を認めることが問題なのではなく、操作を通して類似を生み出すことが問題である。そのため、パラダイムはけっして所与のものではなく、「かたわらに置くこと」、「一緒にすること」、さらには「示すこと」、「展示すること」（*para-ballontas...paratithémena...endeiknynai...deichthēi...deichthénta*『政治家』278b, 5）を通して生み出される（*para-deigmatos...genesis* : *ibid.*, 278c, 4; *paradeigmata...gignómena* : *ibid.*, 278b, 5）。つまり、パラダイム的な関係は、たんに可感的な単独の対象間にあるのでも、単独の対象と一般的な規則とのあいだにあるのでもなく、なによりも単独性（そのようにしてパラダイムになるところの）とその展示（すなわちその可知性）とのあいだにあるのだ。

11

比較的単純な文法の範例という事例を考えてみよう。文法が構成され、その規則を考察できるのは、パラダイム的な実践を通してのみ、つまり言語的な範例の提示を通してのみである。とはいえ、文法の実践を定義する言語の使用とはどのようなものなのだろうか。どのようにして、文法の範例は生み出されるのだろうか。ラテン語文法で名詞の格変化を説明するパラダイムの事例を考えてみよう。*rosa*〔薔薇〕という語は、そのパラダイム的な提示（*rosa, ros-ae, ros-ae, ros-am,…*）を通して、通常の使用とその外示的性格が宙吊りにされる。そうされることで、同時に「第一変化の女性名詞」の構成と理解を可能にする。*rosa*という語は、その要素でもパラダイムでもあるのだ。ここで本質的なことは、指示と通常の使用の宙吊りである。かりに言語学者が遂行動詞のクラスを定義する規則を説明するために「わたしは誓う」という範例を口にしたとしても、この語句が実際の誓いの発言として理解されるべきではないことは明白である。つまり、範例の役割をはたすことができるためには、語句は通常の機能を宙吊りにしなければならない。だがそれでも、まさしくこの機能停止と宙吊りを通してこそ、語句は語句がどのように機能するのかを示すことができ、規則の定式化を可能にするのである。ここでもし規則が範例に適用されるのかどうかを問うのであれば、それに答えるのは容易でない。実のところ、範例が規則から除外されているのは、通常の事例に属していないからではない。むしろ逆に、通常の事例への帰属を提示しているからである。その意味で、範例は例外と対称をなしている。例外が、除外されていることを通して包摂されている一方で、範例は、包摂されていることの提示を通して除外されているのである。けれども、こうして範例は、ギリシア語の語源的な意味にしたがって、みずからの可知性と同時にみずからが構成するクラスの可知性を、そのかたわらに示す（*para-deiknymi*）のである。

12

プラトンにおいてパラダイムは、可知的な秩序と可感的な秩序との関係を分節化することで認識を可能にするというディアレクティケーのうちに位置づけられている。「この二つの秩序のあいだの関係は、二つの仕方で考えることができる。すなわち、類似の関係（コピーとモデルのあいだの）としてか、もしくは比例の関係としてかである」(Goldschmidt, 84)。ゴルドシュミットによれば、こうした考え方のそれぞれに対応しているのは、個別のディアレクティケーの手続きである。つまり、一つめは想起であり（それをプラトンは『メノン』と『テアイテトス』で定義している)、二つめはパラダイムであって、こちらは『ソピステス』と『政治家』でとくに問題になっている。いまや重要なのは、ゴルドシュミットの分析をおしすすめ、ディアレクティケーにおけるパラダイムの特殊な機能と意味を理解することである。『国家』第六巻(509d-511e)におけるディアレクティケーの方法の難解な論述全体が明瞭となるのは、それをパラダイム的方法の展示として理解したときである。そこでプラトンは、学問の所産のうちに二つの段階ないし契機を区別している。その二つは、一つの直線上の二つの線分としてあらわされている。一つめは、「幾何の、算数の、それに類する学問を実践している者たちの」手続きを定義するものであり、その研究は仮定にもとづいている。つまり、明証性を説明する必要のない周知の原理として扱われる所与を前提にしているのである(これは「基礎としてしたに置く」という意味の *hypotithemi* から派生したギリシア語 *hypóthesis* の意味である)。逆に二つめは、ディアレクティケーに固有のものであり、

仮定を原理[*archai*]としてでなく、まさしく仮定として、つまり足場と跳躍台として扱って、すべてのものの原理に向かって、仮定ならざるもの[*anypótheton*]にまでいたる。そしていったんその原理を把握したなら、原理に結びついているものと結びついたままでいながら、おわりへと下降していく。そのとき、およそ可感的なものを利用する

> ことはいっさいなく、ただイデアそのものだけを利用して、イデアを通って、イデアへと向かい、イデアにおいておわるのだ。（『国家』第六巻 511b2-c1）

仮定（前提）を原理としてではなく仮定として扱うとは、いったいなにを意味しているのだろうか。前提とされるのではなく、それ自体として提示される仮定とはなんなのだろうか。パラダイムの認識可能性は、けっして前提されるものではない。むしろ逆に、その特殊な能力は、経験的な所与性を宙吊りにし、はずして、たんに可知性を展示することにある。このことを思い起こすなら、仮定として仮定を扱うとは、パラダイムとして扱うことを意味するだろう。

アリストテレスによっても近代人たちによっても指摘されてきたアポリア、すなわちプラトンにおいてイデアが可感的なもののパラダイムでありながら、可感的なものもイデアのパラダイムであるというアポリアは、ここでその解決を見いだす。イデアとは、可感的なものに前提される別の存在者ではないし、可感的なものと一致するのでもない。イデアとは、パラダイムとして、つまりその可知性のただなかで考えられた可感的なものである。そのため、プラトンはこう主張することができたのだ。すなわち、ディアレクティケーもまた技術のように仮定から出発する（*ex hypothéseōs ioûsa*『国家』第六巻 510b9）が、しかし技術と異なって、仮定を原理としてではなく仮定として扱う、つまりパラダイムとして使用するのである、と。ディアレクティケーが到達する仮定ならざるものとは、なによりもまず、可感的なもののパラダイム的な使用から明らかにされる。この意味でこそ、つづく一節が理解される。そこでは、ディアレクティケーの方法が「仮定を取る」と定義されている（「ディアレクティケーだけが仮定を取って［*tas hypothéseis anairoûsa*］、原理それ自体へといたる」『国家』第七巻533c6）。*anairéō* は、対応するラテン語 *tollere*（およびドイツ語 *aufheben*、つまりヘーゲルが先の二つに着想を得てみずからのディアレクティークの中心にすえた語）と同じように、「つかむ、引き受ける」も意味すれば、「破棄する、除外する」も意味する。すでに見たように、パラダイムの役割をはたすものは、通常の使用から引き離されると同時に、それ自体として展示される。仮定ならざるものとは、仮定が「取られる」――つまり、同時に取り集められつつ取り除かれる――点にあらわれる。ディアレクティケーがその「おわりへの下降」のなかで向かっていくところの可知性は、可感的なもののパラダイム的な可知性なのである。

13

パラダイム的な方法のパースペクティヴのうちでのみ、人文科学の認識の手続きを定義する解釈学的循環は、その固有の意味を獲得する。フリードリヒ・ダニエル・エルンスト・シュライアマハーに先立ってすでにフリードリヒ・アストが指摘していたことだが、文献学では、単独の現象の認識は全体の認識を前提とし、また逆に全体の認識は単独の現象の認識を前提にしている。『存在と時間』においてマルティン・ハイデガーは、この解釈学的循環を、〈現存在〉(*Dasein*)の実存論的な先構造としての先取にもとづかせながら、人文科学の困惑を拭い去り、さらにはその認識の「もっとも根源的な」性格を保証しさえした。そのときから、「重要なのは循環のそとに出ることではなく、そのなかに正しい仕方で入っていくことである」(Heidegger, 153)というモットーが、研究者にとって悪しき循環を良きものへと変えうる呪文となった。

しかしながら、この保証は一見してそう思えるほど確信されはしなかった。もし解釈者の活動が、解釈を逃れる先取によってつねにすでに先立たれているのだとすれば、「正しい仕方で循環に入る」とはなにを意味するのだろうか。ハイデガーが示唆したところでは、問題なのは「一般的な臆見や事例によって」先取を押しつけ(*vorgeben*)られたままでいることではけっしてなく、むしろ「事象そのものから練り上げる」ことである(*ibid.*)。けれども、このことが意味しうるのは――そしてそのために循環はなおも「悪しき」ものになるように見えるが――ただたんに、研究者は現象のうちにその実存論的な構造そのものに依存している先取のしるしを認識できなければならない、ということだけである。

アポリアが解決されるのは、解釈学的循環が実のところパラダイム的循環なのだと考えるときである。アストとシュライアマハーにおけるのとはちがって、「単独の現象」と「全体」の二重性があるのではない。全体とは、単一の事例のパラダイム的な展示から帰結するものにほかならないのである。またハイデガーにおけるように、「まえ」と「あと」、先取と解釈の循環性があるのでもない。パラダイムにおいては、可知性は現象に先立たず、むしろいわば「かたわら」(*parà*)にある。アリストテレスの定義によれば、パラダイム的な身振りは、個別から全体へと進むのでも、全体から個別へと進むのでもなく、単独から単独へと進むのだった。現象は、その認識可能性のただなかに展示され、全体を示すことで、パラダイムとなる。パラダイムは、現象の前提(「仮定」)ではない。「前提されていない原理」として、パラダイムは過去にも現在にもなく、それらの範例的な布置のうちにあるのだ。

14

一九二四年から一九二九年にかけて、アビ・ヴァールブルクは『ムネモシュネ』と呼ばれることになる「図像集」に取り組んでいた。知られているように、そこで扱われていたのは複数のパネルの総体であり、パネルのうえには、一連の雑多なイメージ（芸術作品や手稿の複製、新聞雑誌から切り抜かれたり彼自身が撮ったりした写真など）が固定されている。それらイメージは、ヴァールブルクが〈情念定型〉（*Pathosformel*）という語で定義したただ一つのテーマにほぼ準拠している。パネルの四六番を見てみよう。そこで取り上げられているのは、「ニュンフ」という〈情念定型〉、つまりトルナブオーニ礼拝堂にあるギルランダイオのフレスコ画に登場するような動きをしている女性の形象である。ヴァールブルクは親しみを込めて、この女性の形象を「駆け足のお嬢さん」（*Fräulein Schnellbring*）というあだ名で呼んでいる。このパネルは二七個のイメージからなり、そのそれぞれが、全体の名前となっているテーマになんらかの仕方で関連している。ギルランダイオのフレスコ画のほかには、ローマの象牙のレリーフ、セッサ・アウルンカの大聖堂にあるシビュラ、十六世紀フィレンツェの手写本挿絵、ボッティチェッリのフレスコ画の細部、フィリッポ・リッピの聖母と洗礼者ヨハネの誕生の円型画（トンド）、ヴァールブルク自身が撮ったセッティニャーノの農婦の写真、といったものが見いだせる。いったいどのようにこのパネルを読むべきなのだろうか。全体が単独のイメージと取りもつ関係はいったいどのようなものなのだろうか。別の言い方をすれば、いったいニュンフはどこにいるのだろうか。

明らかに間違ったこのパネルの読み方は、イコノグラフィーのレパートリーといったものを見いだすことだろう。そのようなレパートリーでは、「動いている女性像」というイコノグラフィーのテーマの起源と歴史が問題となる。つまり、ありえそうな系譜関係にしたがって、できるかぎり年代順に単独のイメージを並べていくことが問題になる。そうするならばことによると、あるイメージが別のイメージに結びつけられ、最終的には原型にまで、すべてを派生させる「パトスの定型」にまで、遡ることが可能になるかもしれない。だが、もう少し注意深くパネルを読むなら、どのイメージもオリジナルではなく、またどのイメージもたんなるコピーや反復でないことがわかる。ミルマン・パリーがホメロスの詩の根底に、ひいては一般的にすべての口誦詩の根底に見いだした「定型による」作品では、創造とパフォーマンス、オリジナルとその演奏が区別できないように、ヴァールブルクの〈情念定型〉もまた、原型と現象、一回性と反復のハイブリッドなのである。どの写真もオリジナルであり、どのイメージもアルケーを構成し、その意味で「アルカイック」である。けれども、ニュンフそれ自身は古代風（アルカイック）でも現代風でもなく、通時態とも共時態とも、一とも多とも決定しえない。しかし、このことが意味しているのは、ニュンフはパラダイムであって、単独のニュンフはその範例だということである。あるいは、もっと正確には、プラトンのディアレクティケーの構成上の両義性にしたがうなら、ニュンフとは単独のイメージのパラダイムであり、単独のイメージはニュンフのパラダイムである。

　つまりニュンフは、ゲーテの言う意味での「原現象」（*Urphänomen*）なのである。『色彩論』から『植物の変態』まで、ゲーテの自然研究に本質的なこの専門用語は、ゲーテ自身によっては明確に定義されていない。この専門用語が理解できるものとなるのは――その起源をプラトンにまで遡ったエリーザベト・ロッテンの示唆を発展させることで――はっきりとパラダイム的な意味で理解するときのみである。ゲーテはみずからの方法を、「個別の事例や一般的な標題、臆見や仮定」によって進む方法といくども対置している(Goethe, II, 691)。そうして、ゲーテは論文「対象と主体の媒介としての実験」で、「高次の実験」のモデルを提起している。その実験では、諸々の単独の現象の統一が「仮定的な仕方や体系的なかたちで」(*ibid.*, I, 852) おこなわれるのではなく、現象のそれぞれが「自由に振動しながらあらゆる方向に光線を発している光点についてわたしたちが語るような仕方で、無数のほかのものと関係を取りもつ」(*ibid.*, 851-852)。この諸現象間の特異な関係をどのように理解すべきかなのかは、その数行あとで語られる。その一節では、手続きのパラダイム的な本性が疑いなく主張されている。「ほか多くからなる同様の実験は、明らかに高次の種に属する。その実験があらわす定式は、無数の単独の範例を表現するのである」(*ibid.*, 852)。別の断片でも繰り返されるが、「あらゆる現実存在は、あらゆる現実存在のアナロゴンである。そのため、現実存在はつねに、同時に分離されつつ結合されているものとしてあらわれる。もしアナロジーが強調されるなら、すべてが同一となる。もしアナロジーが避けられるなら、すべては無限に分割される」(*ibid.*, II, 706)。その意味で、パラダイムとしての〈原現象〉とは、アナロジーが一般性と個別性の対立を越えて完全な均衡のなかに生きている場のことである。そのため、「純粋現象」についてゲーテが書くには、「けっして孤立化されえず、一連の出現のなかで示される」（*ibid*., 871）のである。また、『箴言と省察』では、その本性が一つの定義に要約されているが、それはパラダイムにも同じく当てはまるだろう。「原現象――最終的に認識しうるものとして観念的／認識されるものとして実在的／すべての事例を包摂するがゆえに象徴的／あらゆる事例で同一的」（*ibid*., 693）。〈原現象〉は、仮定ないし法則の一般性へと移行することはけっしてないにせよ、それでも認識しうる。それどころか〈原現象〉は、単独の現象において認識しうる最終的な要素であり、パラダイムになるというその能力である。そのため、よく知られたこのゲーテの〈箴言〉（*dictum*）では、現象を越えて探す必要のないことが主張されるのである。パラダイムとして、「それは教説である」のだ。

15

ここで、わたしたちの分析によるパラダイムの特徴を、いくつかのテーゼのかたちにまとめてみよう。

一、パラダイムとは、帰納的でも演繹的でもなく、アナロジー的な認識のかたちであり、単独から単独へと進む。
二、パラダイムは、一般と個別の二元論を中和することで、二元論的な論理を両極的なアナロジーに置き換える。
三、事例がパラダイム的なものとなるのは、その範例性と単独性がけっして分離されない仕方で、全体への帰属を宙吊りにすると同時に展示することによってである。
四、パラダイム的な全体とは、諸々のパラダイムに前提されるものではけっしてなく、それらに内在したままにとどまる。
五、パラダイムには起源もアルケーもない。どの現象も起源であり、どのイメージもアルカイックである。
六、パラダイムの歴史性は、通時態でも共時態でもなく、それらの交点にある。

こうして、わたしの場合でもフーコーの場合でも、パラダイムを通して仕事をすることがなにを意味するのか、明瞭になったと思える。〈ホモ・サケル〉(*homo sacer*)と強制収容所、〈回教徒〉(*Muselmann*)と例外状態——さらに最近では三位一体の〈オイコノミア〉(*oikonomia*)ないし喝采——は、歴史的起源や原因といったものに遡って近代を説明するための仮定ではない。むしろ逆に、それらの多様性それ自体が理解させえたように、そのつどパラダイムが問題だったのである。パラダイムの目的は一連の現象を理解できるようにすることだが、これらの現象の親縁性は、これまで歴史家の眼差しを逃れてきた、ないし逃れえたのだった。たしかにわたしの研究は、フーコーと同じく、考古学的な性格をもっている。関連する現象は時間のなかで展開し、したがって、歴史的な文献学の法則にしたがわないわけにはいかない通時態と史料への注意をともなっている。けれども、研究が到達するアルケー――おそらくあらゆる歴史研究にとって価値のある――は、時間のなかに前提された起源ではなく、むしろ通時態と共時態の交点に位置づけられ、対象の過去と同じく研究者の現在をも理解できるようにする。その意味で、考古学はつねにパラダイム論である。アーカイヴの史料を検討する手腕だけでなく、パラダイムを認識し分節する能力こそが、研究者の序列を規定するだろう。実際、結局のところ、それ自体では活力のない年代的なアーカイヴの内部に（フランスのエピステモローグたちが呼ぶような）〈断層〉（*plans de clivage*）を生み出し、そうしてアーカイヴを読みうるものにする可能性は、パラダイムにこそ依存しているのである。

最後に、もしパラダイム性は事物のなかにあるのか、研究者の精神のなかにあるのかと問うとすれば、わたしの答えは、その問いには意味がないというものである。パラダイムのうちで問題になっている可知性は、存在論的な性格をもっている。主体と客体との認識論的な関係にではなく、存在に準拠しているのである。つまり、パラダイム的な存在論があるのだ。「場所のない描写」という題をもつウォレス・スティーヴンズの詩ほど、その内容を見事に定義したものを、わたしは知らない。

そう見えて　そうである　のは　ありうること
まさに太陽が　そう見えて　そうである　ように
太陽は　一つのたとえ　そう見える　ものは
そうであり　そう見える　ように　すべてである〔Stevens, 339〕

第二章　しるしの理論

1

パラケルススの論文集『事物の本性について』第九巻は、『自然の事物のしるしについて』と題されている。すべてのものが、その不可視の質を明らかにし露わにする記号をもっている――パラケルスス的なエピステーメーの根源的な核心にあるのは、この考えである。「記号をもたないものはない」(*nichts ist on ein Zeichen*) と、パラケルススは『自然の事物について』で書いている。「というのも自然は、内にあるものをしるしづけていないものはなんであれ、みずからの外に出すことがないからだ」(Paracelsus, III, 7, 131)。また『痛風の書』では、「内部を告げないような外部はない」と明言されている。記号を通して、人間はすべてのなかに、そのしるしづけられた当のものを認識できるというのである (*ibid.*, II, 4, 259)。その意味で、「すべてのものが、草、種、石、根が、そのうちにあるものを質、形相、形姿〔Gestalt〕において明らかにする」のであれば、そして「すべてはその〈しるしづけられたもの〉(signatum) を通して認識される」のであれば、そのとき「〈しるし〉(signatura) とは、隠されたものすべてを見いだすための学であり、この術なくしては、なにものも深められない」(ibid., III, 7, 133)。しかしながら、この学は、あらゆる知と同じく、罪の結果である。というのも、エデンにいたアダムは、絶対的に「しるしなし」(unbezeichnet) だったのであり、もし「なにものもしるしなしにしておく」ことのない「自然のなかに堕落する」ことがなかったならば、そのままだっただろうからだ。

こうした前提があるからこそ、『自然の事物のしるしについて』では、すぐさま問題の核心に触れ、「しるしの主」の数と本性が探究されうることになる。このとき〈しるし〉は、もはや学の名前ではなく、しるしづける行為そのものであり、かつその結果である。「この書物で〈事物のしるしについて〉(de signatura rerum) 哲学することが重要であるなら、どこから〈しるしづけられたもの〉(signata) が派生するのか、だれがその〈しるしの主〉(signator) なのか、そしてそれはどれだけ存在しているのか、その点をまず明確化することが有益かつ適切だろう」(ibid., III, 6, 329)。パラケルススによれば、しるしの主には三つある。すなわち、人間、〈アルケウス〉(Archeus)〔パラケルススの造語で、ギリシア語アルケー(起源)に由来し、万物の生成変化を司る生命原理を指す〕、〈星〉(Astra) である。星の記号は、予言と予知を可能にし、ものごとの「超自然的な力と効能」(übernatürliche

Krafft und Tugend）を明らかにする。土占い、手相占い、観相学、水占い、火占い、降霊術、天文学といった数々の占いの学が取り組むのは、この星の記号である。占いが取り組むヘルマフロディトスやアンドロギュノスといった怪物は、星の影響によって刻印された記号にほかならない。さらにパラケルススによれば、天の星だけでなく、「人間の内なる星」というものもある。人間の内なる星は、「あらゆる瞬間に、その想念と想像によって、上空の星のように、魂のうちに昇っては沈む」（*ibid.*, 333）のであり、その記号を身体に残すことができる。ちょうど妊娠した女性に起こるようにである。妊娠した女性の〈想念〉（*Fantasey*）は、胎児の肉体のうえにその〈怪物の記号〉（*Monstrosische Zeichen*）を描き出すのである。

同様に、観相学と手相占いが解読するよう教えるのは、星が人間の顔と肢体に、あるいは掌の筋に「内なる人間」の秘密を刻み込んだということである。とはいえ、星と人間との関係は、一方的な従属ではない。

賢者が星を統べ率いる［*Regieren und Meystern*］のであって、その逆ではない。星が賢者に服し、したがうべきであって、賢者が星にではない。愚者は逆に、星に統べられ支配され、泥棒が絞首台に、暗殺者が処刑用車輪に、漁師が魚に、鳥刺しが鳥に、猟師が獲物にしたがうように、星にしたがうことになる。その原因は、愚者が自己自身のことをわかっておらず、彼のなかに隠されている力を使うことができないからだ。彼は小さな世界であることを知らず、彼の内にある星のことがわからない。天空全体は、その力すべてとともに、彼のなかにある。(*ibid.*, 334)

したがって、しるしによって表現される関係は、因果関係ではない。しるしの主に逆作用するという、いっそう複雑ななにものかである。まさにこれを理解することが重要である。

2

パラケルススは、アルケウスが自然の事物に刻み込んだしるしの分析に移るまえに、いわばあらゆるしるしのパラダイムを構成する〈しるしの術〉(*Kunst Signata*) が存在することを喚起している。根源的なしるしとは、「最初の〈しるしの主〉(*signator*)」アダムがヘブライ語で事物に「正しい名」(*die rechten Namen*) (*ibid.*, III, 6, 356) を付与したときにもちいたその言語である。〈しるしの術〉は、あらゆる事物に正しい名を与えることを教えてくれる。われらが父祖アダムは、この術に完全に精通しており、創造のあとすぐ、個別の名をそれぞれの存在に与え、あらゆる動物にその名を与え、それぞれ異なる名をあらゆる木に、あらゆる草に、あらゆる根に、あらゆる石に、あらゆる鉱物に、あらゆる金属に、あらゆる液体に与えた［……］。そしてアダムがあらゆる事物に名を与え、洗礼したとき、このことは神のお気に召すものだった。というのも、それは正しい根拠から［*aus dem rechten Grund*］おこなわれたのであって、彼の自由意志によるのではなく、あらかじめ定められた術にしたがって、つまり、しるしの術にしたがってのものだったからである。こうしてアダムは、最初の〈しるしの主〉となったのである。（*ibid.*）

アダムの口からヘブライ語で発せられた名のすべては、その名づけられた動物の特有の本性と効能に対応していた。

「これは豚、馬、牛、熊、犬、狐、羊、云々」と言うとき、そうした名は、豚を惨めで汚れた動物として、馬を強く激しい動物として、牛を貪欲で飽くことを知らぬ動物として、熊を強く無敵の動物として、狐を不実で狡猾な動物として、犬をみずからの種に不誠実な動物として、羊を温和で有用で無害な動物として、示している。（*ibid.*）

しるしとしるしづけられているものとの関係は、類似の関係として理解されるのがつねである。たとえば、このあとすぐに見るが、コゴメグサの花冠にある眼のかたちをした器官と、それが治療する力をもっているところの眼との関係が、そうである。けれども、しるしの原型たる〈しるしの術〉が言語なのだとすれば、この類似は、物理的ななにものかとしてではなく、アナロジー的で非物質的なモデルによるものとして理解すべきだろう。言語は、非物質的な類似のアーカイヴを保管しており、しるしの宝庫でもあるのだ。

3

ルネサンスおよびバロックの時代にパラケルスス医学の成功を決定づけた体系的核心は、植物の治療効果の暗号としてのしるしに関わっている。こうしたしるしは、パラケルススの死からほぼ一世紀後にヘンリー・モアが書いたように、「自然のヒエログリフ」〔More, 101〕であり、神はこれを通して、植物界の隠れた薬用効果を明らかにしている。とすればなおさら驚くべきことだが、『事物のしるしについて』には、植物の治療効果の暗号という側面でのしるしは不在である。代わりに語られているのは、アルケウスのしるしが例証しているような、鹿や牛の角――これは枝分かれによって年齢やあと何頭の仔を宿すかを示す――や、新生児の臍の緒の節――これは母親があと何人の子をもうけることができるかを示す――についてである。ところが、パラケルススの医学著作になると、植物がもつ治療効果の暗号としてのしるしの例証が豊富に示されている。サテュリオンは「男性の恥部のようなかたちをしている」が、このしるしが示しているのは、サテュリオンが男性に「失われた精力と肉欲」を取り戻させるということである（Paracelsus, IV, 9, 584）。コゴメグサには眼状の斑点があるが、それにより眼病を治す能力が明らかになっている（*ibid.*, I, 2, 234）。スペクラ・ペンナルムと言われる植物が女性の胸を治すのは、そのかたちが乳房に見えるからである。歯のかたちをしたザクロの種と松の実は、歯の痛みを和らげる。類似が比喩的なものの場合もある。棘だらけのアザミは、鋭く刺すような痛みを和らげる。葉のうえに蛇の姿が見えるシデリカは、あらゆる種類の毒にたいする解毒剤になる。

こうした場合にもまたしるしを規定している特有の構造を考察してみよう。コゴメグサにおいてしるしが関連づけているのは、そう見られがちであるような、隠された治療効能と、花冠にある眼状の斑点、ではない。直接に、コゴメグサと眼、である。「なぜコゴメグサは眼を治すのか。それは、それ自体に〈眼の解剖組織〉（*anatomiam oculorum*）をもっているからだ」。コゴメグサは「それ自体に眼のかたちとイメージをもっており、したがって眼全体になる」(*ibid.*, II, 4, 316)。しるしは、この植物を眼のなかに移し換え、そうした仕方でのみ、隠された効能を露わにしている。関連は、〈しるしづけるもの〉(*signans*)と〈しるしづけられたもの〉(*signatum*)とのあいだ、シニフィアンとシニフィエとのあいだにあるのではない。そうではなくて、少なくとも四つの項が含意されており(植物における形象——パラケルススがしばしば〈しるしづけられたもの〉と呼ぶもの——、人体の部位、治療効能、病気)、そこに五つめの項として〈しるしの主〉(*signator*)が加えられなければならない。記号理論ではシニフィアンとしてあらわれるはずのしるしは、シニフィエの位置に横滑りする。そのため、〈記号〉(*signum*)と〈しるしづけられたもの〉とが役割を交換しあい、区別しえなくなるように見える。こうした動向は、『パラグラーヌム』の一節では、ある金属(鉄)がある惑星(火星)と同一視されることにあらわれている。火星は、鉄の〈しるしの主〉だという。「それゆえ、〈鉄〉(*ferrum*)とはなにか。〈火星〉(*mars*)にほかならない。〈火星〉とはなにか。〈鉄〉にほかならない。これが意味するのは、どちらも〈鉄〉か〈火星〉であるということだ。[……]〈火星〉をわかっている者は〈鉄〉もわかっており、〈鉄〉がわかっている者は〈火星〉がなにかも知っている」(*ibid.*, I, 2, 110)。

4

わたしたちは『事物のしるしについて』で第一の座を占めている議論をあとまわしにしてきた。すなわち、人間がこうしたしるしに与えている〈しるしの主〉(*signator*) であるようなしるしについての議論である。パラケルススがこうしたしるしに与えている例証は、おそらくしるし概念の歴史のなかでももっとも驚くべきものだろう。たとえそれが、ミシェル・フーコーとエンツォ・メランドリの思想のなかで一時的な復活を見る以前には、数世紀にわたってパラケルスス的エピステーメーのいわば待避線としてとどまっていたにしてもである。パラケルススが書くところによれば、自然のしるしと超自然のしるしを正確に理解できるためには、まず人間が〈しるしの主〉であるようなしるしを理解しなければならないという。最初の事例は、ヘブライ人が衣服や外套に縫いつけている「黄色い小さな布切れ」(*ein Gelbs Flecklin*) である。「これは、ヘブライ人として見分けられるようにする記号でないとすれば、いったいなんだというのだろうか」(*ibid.*, III, 2, 329)。同様に――この取り合わせは皮肉などではないのだが――「お巡りや警官」(*Scherge und Büttel*) を見分けられるようにする記号がある。また、伝令は外套に記章を縫いつけるが、その記章が伝令に伝令としての資格を与え、どこから来たのか、だれが送ったのか、どう扱うべきなのかを示す。同じく戦場でも、兵士は色のついた記号と肩帯を身に帯びて、敵味方を見分けられるようにする（「つまり、こちらが帝国軍で、こちらが王国軍で、こちらがフランス軍などのように」*ibid.*, 330）。

さらに決定的に興味深いのは、別の一群の事例である。この事例では、しるしのパラダイムはもっと複雑になる。問題になっている「マークとしるし」（*Marckt und Zeichen*）は、なによりもまず、職人がみずからの作品につけるものであり、「これによってだれが作品を制作したのかが見分けられるようになる」（*ibid.*, 229）。このときしるしが示しているのは、文書に署名する行為との、おそらくは語源的な繋がりである。この繋がりは、署名のことを*signature*と呼ぶフランス語や英語といった言語では明白である（ラテン語の*signaturae*は、教会法にあっては、教皇が単純に文書に署名することで授ける答書のことであった）。とはいえ、ラテン語*signare*が意味しているのは「鋳造する」ことでもある。貨幣の価値を示す記号の事例は、パラケルススが立ち止まるまたもう一つ別の事例である。「こうしてあらゆる貨幣が、その打ち出された価値を見分けられるようにする個別の記号と証拠をもっていることがわかる」（*ibid.*, 330）。手紙に押される封印については、差出人の特定に役立つというよりも、むしろその「力」（*Krafft*）が指し示されることになるという。「法にしたがって手紙に信用を与えうるために、封印は手紙の確証にして保証なのであり、封印がなければ手紙は役立たずで、死んでおり、価値がない」（*ibid.*）。〈しるしの主〉たる人間のしるしには、アルファベットの文字もある。「わずかな数の文字で、語と名によって多くのものを指し示すことができる。書物で起こっているようにだ。書物は、その内容をすぐさま思い出せるようにと、一語や一つの名によって記憶に留められるのである」(*ibid.*, 331)。あるいは、薬局や錬金術師の工房で「〈液体〉(*liquores*)、〈オリーブ〉(*olea*)、〈粉末〉(*pulveres*)、種、軟膏、[……]〈精気〉(*spiritus*)、〈粘液〉(*phlegma*)、アルカリ」(*ibid.*)を見分けられるようにするラベルの文字もまたそうである。さらにまた、築年と経年を指し示す人間の住居や部屋の数字もそうである。

5

人間によるしるしがもつ特異な構造を、掘り下げて分析することにしよう。たとえば、職人(ないし芸術家)がみずからの作品につけるしるし(署名やモノグラム)である。わたしたちが美術館の展示室でタブローを鑑賞し、その下部のカルトゥーシュに〈ティツィアーノ制作す〉(*Titianus fecit*)という書き込みを読むとき、いったいなにが起こっているのだろうか。今日わたしたちはこの種の情報を探し出し、受け入れることにあまりにも慣れているため、しるしに含意されているただならぬ作用に注意を払おうとしない。たとえば、タブローに受胎告知が描かれているとしよう。この受胎告知は、それ自体としては記号ないしイメージとして見られ、この場合はわたしたちに馴染みの（馴染みでないこともありうるが）宗教的伝統と図像誌上の主題に送り返す。では、〈ティツィアーノ制作す〉というしるしは、わたしたちが眼前にしている「受胎告知」という記号に、いったいなにを付け加えるのだろうか。このしるしは、受胎告知の神学的内容についてはなにも語ってはおらず、図像誌上の主題が扱われている手法についてもまったく語っていない。客観的な物質性における特性にもいっさい関わっていない。しるしはただ、十六世紀ヴェネツィアにいた著名な画家として知られる人物の名を、タブローに結びつけているにすぎない（あるいは別の場合には、わたしたちがまったく、ないしほとんど知らないだれかの名が問題になることもありうる）。たとえしるしが欠けていたとしても、タブローは、その物質性と質に関しては、なにも変わりはしないだろう。けれども、わたしたちの文化にあっては、しるしが導き入れる関係は重要である（別の文化でなら、この関係が重要でなく、作品もまったくの匿名のままに生きることもありうる）。そのため、わたしたちが問題のタブローを眼差す仕方は、カルトゥーシュを読むことによって根底から変わってしまう。さらに著作権の有効期限内にある作品が問題の場合は、しるしにはこの権利にもとづく法的帰結がともなう。

こんどは貨幣に刻印され、貨幣の価値を決定しているしるしの事例を取り上げよう。この場合もしるしは、わたしたちが手にしている円形の小型金属片といかなる実体的関係ももってはおらず、どのような特性も付け加えてはいない。けれどもこの場合もまた、しるしは、わたしたちと金属片との関係を、社会におけるその機能を、決定的な仕方で変えてしまう。まさにティツィアーノのタブローの場合にしるしが、タブローをその物質性に関してはいかなる仕方でも変質させることなく、「権威」関係の複雑な網目に組み込んだように、しるしは金属片を貨幣に変え、金銭として生み出すのである。

では、アルファベットの文字についてはどう言えるだろうか。文字は、パラケルススによれば、名へと組み合わされることで書物を指し示すという。おそらく問題は、アダムが被造物を名づけた〈しるしの術〉(*Kunst Signata*) の表現としての名ではない。むしろ問題になっているのは、文からなる言語使用ではなく、パラダイム、略号、慣習的タイトルからなる言語使用だろう。タイプライターのマニュアルでA、Z、E、R、Tというのはフランス式キーボードに採用されているアルファベット順序についての言表であると、フーコーが言表を定義する際に書いたとき〔Foucault 1969, 144〕、これと同じものが念頭におかれていたにちがいない。

いずれの場合でもしるしは、たんに〈しるしづけるもの〉(*signans*) と〈しるしづけられたもの〉(*signatum*) との記号学的な関係を表現しているわけではない。むしろしるしは、この関係に根ざしてはいるが一致してはおらず、この関係を別の領域へとずらし、動かして、実践的にして解釈学的な新しい関係の網目に差し入れる。その意味で、ヘブライ人の外套の黄色い布切れも、お巡りや伝令の外套の色つきの記章も、たんに「ヘブライ人」「お巡り」「伝令」というシニフィエへと送り返す中立的なシニフィアンなのではない。これらはむしろ、シニフィアン／シニフィエ関係を実践的・政治的な領域へと移すことで、ヘブライ人、お巡り、伝令にたいして取るべき行動を（また彼らに期待される行動を）表現している。同様に、コゴメグサの葉にある眼状のしるしは、「眼」を意味する記号などではない。しるしが眼状の斑点（これ自体は眼を喚起させる記号だが）によって示しているのは、この植物が眼病の特効薬としてはたらくことなのである。

6

ヤーコプ・ベーメの『事物のしるしについて』は、題からしてパラケルススを暗示しているものの、主題とモチーフとしてはまずアダムの言語を取り上げている。とはいえ、しるしの理論はこの書物でさらなる展開を見せる。この展開は、問題を説明するにあたって記号概念が不充分であることを明らかにしている。まず、しるしはもはや異なる領域間を関係づけて事物の隠された効能を明らかにするものというだけではなくなる。しるしはむしろ、あらゆる認識にとっての決定的な演算子であり、それ自体では無言で根拠を欠いて

いる世界を理解できるようにするのだという。この論考の第一節に謳われているように、

> しるし〔*Signatur*〕の認識なしに神について言われ、書かれ、教えられているものは、おしなべて無言であり、根拠を欠いている。というのも、それらはたんに空しい歴史に、他人の口に由来するからだ。そこでは認識なき霊は無言のままである。けれども、そこに霊がしるしを露わにするなら、他人の口を理解し、さらにはいかにして霊が本質から発し、〈原理〉(*Principium*)を介して、音のなかで声によってみずからを啓示するのかを理解するだろう。(Böhme, VI, 14, 3-4)

ベーメにあって啓示のプロセス——そのパラダイムは言語にある——は、はじめから記号学モデルの複雑化をともなっている。記号(ベーメは*Bezeichnung*と呼ぶが)は、それ自体では不活性で無言である。記号が認識をはたらかせるには、しるしによって活気づけられ、加重される〔qualificato〕(ベーメはこのプロセスを記述するにあたり、その思想の根本的な専門用語の一つである*inqualieren*という動詞をもちいている)必要があるのだ。

霊は言葉のなかで善や悪として創造される。その言葉においてひとが理解できるのは、

霊が他人のもとにある形象［*Gestaltnis*］へと同じ記号［*Bezeichnung*］とともに進み、その他人のもとにそうした形相をしるしにおいて呼び覚ますからだ。かくして、二つの形象は一つの形相のうちで加重しあい、たがいに実在性を付与しあい［*miteinander inqualieren*］、この一つの形相はそのようにして概念、意志、霊、理になるのである。(*ibid.*, 4)

より明白なのは、つづく一節である。そこでは、記号はリュートにたとえられている。リュートは、音楽家が手に取り爪弾くまで音を発することがない。

しるしは本質のなかにあり、リュートに似ている。リュートは音もなく静かで理解されないが、もしだれかが音を出すなら聞き取られる。［……］そのように、自然の記号［*Bezeichnung*］もまた、その形象のうちでは無言の存在である。［……］人間の魂のうちにはしるしが、あらゆる存在の本質にしたがって巧みに配置されている。人間に欠けているのはただ、楽器を掻き鳴らすことのできる音楽家だけである。(*ibid.*)

このとき言い回しに躊躇いはあるものの、しるしが記号と一致するものでなく、むしろ記号を理解可能にするものだということは明白である。楽器は創造のときから準備されマークされていたが、しるしにおける啓示という最後のときにしか認識を生み出さない。このとき、「内なるものは言葉の音のなかに露わになる。というのも、この言葉は、魂が自身でもっている自然な認識だからである」(*ibid.*, 5)。ベーメは、神学的であると同時に呪術的でもある伝統に根ざした用語でもって、意味が「啓示」(*Offenbarung*)のなかに移行する活動的な瞬間を「霊印」(*Character*)として定義する。

眼に見える外なる世界のすべては、その被造物すべてとともに、内なる霊的な世界の記号〔*Bezeichnung*〕ないし形象〔*Figur*〕である。内なるものはすべて、はたらきが現実になるとき〔*in der Wirkungist*〕、外なる霊印を受け取る。(*ibid.*, 96)

しるしのもつこの「自然の言葉」(*Natursprache*)というパラダイムは、ベーメにとっては、パラケルススの〈しるしの術〉(*Kunst Signata*)ではなく、キリスト論である。

神の御言は、あらゆる存在の基礎であり、それらのあらゆる質の始源である。御言とは神の言葉〔*das Sprechen*〕であり、神のうちにとどまるが、けれども御言から出るものとしての発言〔*Aussprechen*〕とは——底知れぬ意志は発言を通して分割にもたらされるのだから——自然と質である。(*ibid.*, 15, 137)

しるしの理論のアポリアは三位一体でも繰り返される。神が御言——創造のモデルであると同時にその実行の道具でもある——によってしか万物を構想し形成できないのと同じく、しるしは、創造の記号のうちにありつつ、その記号を有効にし、語らせるものである。

7

しるしの理論は、十八世紀末に西洋の学問から消え去ってしまう以前、ルネサンスおよびバロックの時代の学問と呪術に決定的な影響を与えていた。この影響は、ヨハネス・ケプラーやゴットフリート・ヴィルヘルム・ライプニッツの著作のけっして瑣末ではない部分にまで浸透している。とはいえ、しるしの理論の〈場〉(*locus*)は、たんに医学と呪術のみだったわけではない。神学の領域でこそ、なかでも秘跡の理論においてこそ、しるしの理論はもっとも意味深い発展を見せた。

秘跡を記号の領域に位置づける中世の解釈学的伝統は、アウグスティヌスにまで遡る。「聖なる記号学」としての秘跡の教義を構築する最初の試みは、アウグスティヌスに見られるのである。けれども、たしかにアウグスティヌスに〈聖なる記号〉(*sacrum signum*)

としての秘跡の手短な定義（*Sacrificium visibile invisibilis sacrifici sacramentum, id est sacrum signum*『神の国』第一〇巻第五章）が見いだされ、秘跡がそれを受ける者に刻み込む消し去りえない〈霊印〉（*character*）という考えが同じく駆け足で語られているにせよ、記号としての秘跡に関する本来の意味での真の理論は、それから六世紀のちのトゥールのベランジェにはじまり、トマス・アクィナスで頂点を迎える。引用した『神の国』の一節では、〈秘跡〉（*sacramentum*）という用語は、専門的な意味での秘跡ではなく、広く一般的に「わたしたちを神へと結びつけるためにわたしたちのうちで生じる営為」すべてを指している。これは、聖書の物語にしたがってヘブライ人たちによって執行された生贄に対立するものである。アウグスティヌス以前、秘跡に関するアンブロシウスの論考では、〈霊的な記号〉（*spirituale signaculum*）という表現は、洗礼の手続きの瞬間だけを意味しており、この段階では祓禊（ふっけい）や入信儀礼としてあらわれていた。中世の神学と哲学にとってかくも重要な記号理論を展開しているテクストのなかで、アウグスティヌスがけっして秘跡に言及していないことは、示唆的である。

秘跡に関するスコラ理論の形成を導いたプロセスは、三つの教義の収斂ないし接近として記述されるのがつねである。すなわち、秘儀としての秘跡の教義（このパラダイムはイシドルスにある）、医術としての秘跡の教義（サン＝ヴィクトールのフーゴーとトマスの『対異教徒大全』にもあらわれている）、記号としての秘跡の教義（これが秘跡のスコラ的教義の確たる正統を提供した）である。より慎重に分析するなら、これら三つの要素が理論の進展のあらゆる段階にあらわれつづけていることが示されるだろう。そうして、歴史研究がいまだ光を当てていない秘跡の複合的な起源を確証できるだろう。記号としての秘跡の理論では、その起源の根底にまではけっして到達できないのだ。

秘跡を説明するにあたって記号学モデルでは不充分であることは、秘跡の理論におけるあらゆる意味で決定的な問題に取り組むとき、露わになる。すなわち、記号の効力という問題である。秘跡をめぐるサン＝ヴィクトールのフーゴーの対話篇では、この効力は――意味されているものとの類似とともに――記号と秘跡との差異に、記号にたいする秘跡の過剰さに、もとづいている。

学生　記号と秘跡との差異はいったいなんでしょうか。

教師　記号は制度によって［*ex institutione*］意味するが、秘跡は類似によって［*ex similitudine*］も表象する。さらには、記号は事物を意味できるが、事物をもたらすこと［*conferre*］はできない。秘跡にあっては逆に、意味作用だけでなく効力がある。したがって秘跡は、制度によって意味すると同時に、類似によって表象もし、聖化によってもたらしもするのだ。（『キリスト教信仰の秘跡について』ミーニュ版ラテン教父集第一七六巻35A）

『命題大全』の匿名の著者もまた、このように秘跡が記号に還元しえないことを全面的に肯定している。

［秘跡は］たんに聖なるものの記号というだけでなく、効力でもある。これが記号と秘跡との差異である。記号であるためには、それが記号として差し出している当のものを意味するだけで充分であって、その当のものをもたらす必要はない。逆に秘跡は、その記号ないし意味であるところの当のものを、意味するだけでなくもたらしもする。さらに異なっているのは、たとえば酒場の看板の円形がワインを意味する［*circulus vini*］ように、記号はたとえ類似を欠いていようともただ意味だけによって存在するのにたいして、秘跡は制度を通して意味するだけでなく、類似を通して表象する。（『命題大全』ミーニュ版ラテン教父集第一七六巻117B）

8

『神学大全』の秘跡についての議論はふつう、トマスが記号としての秘跡のパラダイムに完全に同意した契機として考えられている。しかしながら、秘跡の効力に十全な根拠を与えるのに記号理論が不充分であることは、秘跡の結果たる恩寵および霊印との関わりにおいて露わになる。トマスは、記号がいかにして恩寵の原因でもありうるかについて説明しながら、「主要原因」〔causa principale〕と「補助原因」〔causa strumentale〕とを区別せざるをえなかった。主要原因は、その形相によって結果を産出する（火がその熱によって温めるように）。それにたいして補助原因は、その形相によってではなく、ただ活動原理が与える運動を通してはたらくにすぎない（斧が寝台の原因であるのは、ただ職人の活動を通してのみである）。主要原因がその結果の記号ではありえない一方、補助原因は、

> たんに原因でなく、主要能動主によって動かされた結果でもあるかぎりで、隠された結果の記号として定義されうる。そのために、新しき〈法〉の秘跡は原因でも記号でもある。かくして秘跡は、「それがかたどるものを実現する」と一般に言われるのである。
> （『神学大全』第三部第六二問第一項第一異論回答）

このことが意味しているのは、まさにキリスト自身たる主要能動主の活動の結果であるかぎり、秘跡は補助原因として、記号のようにたんに〈制度によって〉(*ex institutione*) はたらくばかりではなく、秘跡を活性化する活動原理をそのつど必要とするということであ

る。そのために、主要能動主としてのキリストに代表されるような執行奉仕者は、秘跡活動をおこなう意向（現実的でなくとも、少なくとも習慣的な）をもっていなくてはならない。

洗礼のときにおこなわれる水による洗浄は、身体の清めも、身体の健康も、遊びやほかのこうしたたぐいのものも、その目的とすることができる。したがって、洗う者の意向を通して、秘跡的結果へと確定されなければならない。この意向は、秘跡のときに発される言葉「我は父の御名において汝を洗う云々」によって表現される。（『神学大全』第三部第六四問第八項主文）

たとえこの意向が、執行奉仕者の善きないし悪しき性癖に依拠する（*ex opere operantis*）主観的なものでなく、むしろ〈なされたはたらきによって〉（*ex opere operatum*）産出される客観的な実在であるとしても、このとき記号が、そのつどその効力を実現するはたらきの場であることにかわりはない。

つまり秘跡とは、ひとたび制定されたならつねにその意味内容を意味する記号としてではなく、しるしとしてはたらくのである。しるしの結果は、そのつどしるしを活性化し実現する〈しるしの主〉（*signator*）に、あるいは一般的に原理——パラケルススにおける隠された効能、トマスにおける補助的効能——に、依拠している。

9

しるしの領域との近さは、秘跡の特殊な結果においていっそう明白になる。この効果は、洗礼、堅信、叙階の場合にあっては（これらはそれ以外の秘跡とは異なり、一回だけしか授けられない）、「霊印」（*character*）と名づけられている。アウグスティヌスはこの霊印の理論を、ドナトゥス派〔古代末期のカルタゴ司教ドナトゥスに率いられたキリスト教分派で、秘跡の教義をめぐって異端とされた〕との論争にあたって、とりわけ『パルメニアヌスの書簡を駁す』と題された小論において、精錬させている。秘跡が異端者や離教者によって（ないし異端者や離教者へと）授けられた場合、ドナトゥス派はそのときの洗礼（や叙階）の有効性を否定する。この問題は重大である。というのも、アウグスティヌスにとって重要なのは、秘跡を受けたり授けたりする主体の状況に依存させることなく、しかも聖霊を通して秘跡が伝える恩寵を除外したうえで、秘跡の有効性を肯定することだからである。実際、ドナトゥス派によれば、異端者たちの秘跡は、秘跡の結果であるはずの霊的な恩寵を伝達しえないという。なぜなら、教父の伝統にしたがうなら、異端者たちは聖霊の分有から締め出されているからだ。このテーゼにたいしてアウグスティヌスは、〈聖霊なき洗礼〉(*baptisma sine spiritu*)の可能性を肯定する。つまり、洗礼が、それに相応しい恩寵を生じさせることなしに、魂に〈霊印〉ないし〈マーク〉(*nota*)を刻印する可能性を肯定するのである。もちろん、このような極端なテーゼを主張する理由が教会的な性格を帯びたものであり、あらゆる個人的な適性や不適性を超えてキリスト者と司祭の身分を保障しようという意志のうちに探られるべきというのは、ありうることだろう。とはいえいずれにせよ、「霊印」のステータスはパラドクシカルであり、そのためにアウグスティヌスは、霊印を理解できるようにするパラダイムを、複数もちださなければならなかった。アウグスティヌスがまず訴える事例は、だれかが支配者の許可なしに〈王の記号〉(*signum regale*)を金貨や金銭につけたというものである。もし発覚したなら、その人物はたしかに罰せられるだろうが、金貨は有効なままであり、国庫に組み入れられるだろうという(*thesauris regalibus congeretur*『パルメニアヌスの書簡を駁す』ミーニュ版ラテン教父集第四三巻71)。第二の事例は、ある兵士のものである。その兵士は、ローマ軍の慣習にしたがって身体に〈軍隊の刻印〉(*character militiae*)を押されていたが、臆病風に吹かれて戦闘から逃げ出してしまったとする。兵士が皇帝の恩情を懇願し、許されたとして、このとき新しい〈刻印〉を押す必要はない(*ibid.*)。アウグスティヌスが問うには、「〈キリスト教の秘跡〉(*sacramenta christiana*)が、この身体のマーク(*corpolaris nota*)よりも消えやすいなどということがありうるだろうか」(*ibid.*)。もちろんこの考えに含まれているアポリアは自覚していたうえで、こうした点を踏まえてアウグスティヌスは、疑いない論証によってではないにせよ、不可避の結論として「聖霊なき洗礼」を導き出す。

> 洗礼が聖霊なしには有効でありえないなら、サウロに起こったように、異端者もまた聖霊をもつが、ただし救済としてではなく、損害としてもつことになるだろう。[……]けれども逆に、もしも吝嗇家が、神の聖霊をもたないものの、洗礼されているとすれば、このとき洗礼は聖霊なしに有効でありうるだろう。(*ibid.*)

つまるところ消し去りえない「秘跡の霊印」という観念は、秘跡を取り消し無効にしてしまうはずの条件下でも秘跡が残存していることを説明するために、生み出されたものである。聖霊の伝達が不可能だとしても、霊印は、秘跡がその結果にたいして過剰であることをあらわしている。すなわち、マークされたという純粋な事実のほかには内容をもたない補足的な効果のようなものをあらわしているのである。もしキリスト者や司祭が、みずからをそのように定義している身分を失ったとしても、さらにはもしも考えられうるかぎりのあらゆる汚辱を犯し、のみならず信仰を否定しさえしたとしても、その者はキリスト者や聖職者の〈霊印〉を保ちつづける。したがって霊印とは、零度のしるしである。この零度のしるしは、シニフィエなしに記号の出来事を表現し、この出来事のうちに中身のない純粋な同一性を打ち立てるのである。

10

「秘跡の霊印」の観念が、このようにアポリア含みの起源をもっているということ、この事実からは、後代にその理論を精錬させたスコラ学者たちも逃れられてはいない。スコラ学者たちはアウグスティヌスのしるしに内容を与えようと腐心し、しるしが魂に伝達するのは〈習慣〉(*habitus*)であるとしたり(これはヘイルズのアレクサンデルのテーゼである)、力能であるとしたりした。この後者の力能の立場はトマス・アクィナスのものである。トマスが主張するには、霊印は、恩寵を伝達しないにしても、魂に「神の礼拝への参加へと整えられた力能」をもたらすという(『神学大全』第三部第六三問第二項主文)。

しかしながら、それでも困難は解消されない。トマスもまたアウグスティヌスによる軍隊のパラダイムに訴えざるをえない。古代にあっては、

軍隊へと徴収された兵士は、身体的な仕事を任されたかぎりで、その身体に刻印を押さ

れていた[*insignire*]。これと同様に、秘跡を通して神の礼拝に関わる霊的な仕事を任された人々は、霊印によってしるしづけられるのである。(『神学大全』第三部第六三問第一項主文)

トマスが論じるには、霊印は秘跡という可感的な記号によって魂に刻まれた消し去りえない記号である。「魂に刻まれた霊印は記号としてはたらく[*habet rationem signi*]。というのも、ある者が洗礼の霊印を押されたことが知れるのは、可感的な水によって洗い清められたかぎりでのことだからである」(『神学大全』第三部第六三問第一項第二異論回答)。つまり、洗礼の場合には、秘跡という可感的な記号は、恩寵という結果を生み出すほか、また別の記号を、霊的な本性を有するがゆえに消し去りえない記号を生み出しもするのである。

霊印を定義するこの特殊なしるし(*quadam signatio*『神学大全』第三部第六三問第一項反対異論)のパラドクシカルな本性について考察してみよう。記号から生み出された記号たる霊印は、記号に固有の関係的な本性を超え出ている。

「記号」という用語に含意されている関係は、なんらかのものに基礎をおいているのでなければならない。だが、霊印というこの記号に固有の関係は、直接的に魂の本質に基礎をおくことはできない。さもなくば、すべての魂に本性的に適合することになってしまう。それゆえ、魂のうちになにかそのような関係を基礎づけるものがおかれなければならない。これこそまさしく霊印の本質である。そのため霊印の本質は、関係の類には属さない。(『神学大全』第三部第六三問第二項第三異論回答)

したがって霊印とは記号を超え出る記号であり、あらゆる関係を超え出ながら基礎づける関係である。霊印とは、秘跡という効力ある記号において、意味作用にたいする効力の還元しえない過剰さをマークするものなのである。そのために、「それはそれを刻印した可感的な秘跡との関係においてのみ記号と言われうる。それ自体として考察されるなら、記号としてのはたらきではなく、原理としてのはたらきをもっている」(『神学大全』第三部第六三問第二項第四異論回答)。

秘跡理論のパラドクスは、秘跡理論をしるしの理論にひじょうに近いものとする(たとえ両者とも共通の呪術的起源を想定しうるのだとしても、しるしの理論が秘跡の理論から派生したというのもありうることである)。このパラドクスがわたしたちに直面させるのは、記号からは切り離せないが記号に還元もできないもの、つまり記号にこびりつきながら記号に効力を与え、はたらきうるようにする「霊印」ないし「しるし」である。

いずれの場合でも、霊印の意味は純粋に実践的なものである。デナリウス金貨は、交換にもちいられうるために「刻印を押されている」(*character...insignitur*)(『神学大全』第三部第六三問第三項主文)。また兵士は、戦闘できるために刻印を受ける(*ibid.*)(これら二つの事例はパラケルススにもある)。それと同様に、信者は礼拝の行為をおこなうために霊印によってしるしづけられているのである(*ad recipiendum vel tradendum aliis ea quae pertinent ad cultum Dei : ibid.*)。

11

アウグスティヌス以前の世紀にあって、聖なる記号と実践の効力がそこに関わっている状況や主体の協力から独立しているという観念は、すでにある著作に姿を見せていた。それはイアンブリコスの『エジプト人の秘儀について』であり、一般には呪術と神働術の最初の哲学的基礎づけとして考えられている著作である。

当の記号［*synthémata*］は、わたしたちが把握せずとも、それ自体で固有のはたらきを実現する。その記号が依拠する神々の力は、わたしたちの認識に導かれる必要はなく、それ自体で固有のイメージを［*oikeías eikónas*］認識する。［……］神の意志を呼び覚ますものとは、まさにこの神的な記号［*theia synthémata*］なのである。［……］わたしがきみにこのことを説明するのは、神働術のうちにあるはたらき［*enérgeias*］の力が、わたしたちに由来するものだと信じたりしないようにするためである。あるいはまた、その真なる営為［*alethés...érgon*］が、真理にしたがって整序されたわたしたちの思念のおかげで達成されたとか、わたしたちの過誤のために失敗したとかと考えたりしないようにするためである。（Iamblichos 1966, 96-98）

マルシリオ・フィチーノは、ギリシアの呪術論考および『ヘルメス文書』とともに『エジプト人の秘儀について』をラテン語訳したとき、これらのテクストとキリスト教の伝統とのあいだの近しさを確信したのだろう。問題のくだりをわずかながら改変して、秘跡の効力の教義に関連づけている。原文にはなかった「秘跡の効能について」という題をこの節に冠するのみならず、「神的な記号」をあらわす *theia synthémata* を、〈神の秘跡〉（*sacramenta divina*）と訳している。そして、当該のくだりの末尾に、はっきりとキリスト教の秘跡を参照している数行を、付け加えてさえいる。

供犠が進行するあいだに象徴と〈記号〉（*sinthemata*）が、つまり記号と秘跡［*signacula et sacramenta*］があらわれるとき、聖職者は物質的な事物をもちいて、その秩序によって外的な適正を実現する。けれども神こそが、秘跡にその効力を刻みつける。

(Iamblichos 1516, 7)

12

秘跡の霊印の神学的教義も、しるしの医学的教説も、おそらくはその起源をこうしたたぐいの呪術・神働術の伝統に負っている。フィチーノが翻訳したテクストのなかに、プロクロスに帰されている『供犠と呪術について』という短い論考があるが、このなかでは根本概念の数々が明確に提示されている。そこに見いだされるのはたんに、事物における可視的なしるしという、いまやわたしたちには馴染み深い観念だけでない(「「天の眼」ないし「太陽の眼」と呼ばれる石は、瞳に似た形象を含んでおり、その中心から光線が放射されている」*ibid.*, 35)。呪術的影響の基礎としての効力ある類似という観念もまた見いだされる(「古代人たちはこのことを知っており[……]、類似を通して神的な力を下位の世界のうちに転写している。類似とは、実際、個物をおたがいに結びつけるのに充分な原因である」*ibid.*)。

秘跡と呪術との近しさは、イメージやタリスマンの洗礼という実践において明白である。この実践は、ヨハネス二二世による一三二〇年のある意見書によって伝わっている。効力を高めるために呪術イメージを儀礼的に洗礼することは、当時広まっており、教皇庁の懸念を引き起こしたため、十人の教会法学者と神学者にこの問題に取り組ませるにいたった。

妖術をおこなうことを目的にして、イメージあるいは根拠を欠いたほかのあらゆる対象を教会の形式に則って水によって洗礼する人々は、異端の罪を犯しており、それゆえ異端者と考えられるべきなのだろうか。それとも逆に、たんにまじないをした張本人とだけ判断されるべきなのだろうか。そして――それぞれの事例ごとに――いかに罰すべきだろうか。そうしたイメージを洗礼されたものだと思って受け取った人々については、どうすべきだろうか。またイメージが洗礼されたとは知らないものの、その力を知っていて、それを目的にして受け取った人々については、どうすべきだろうか。(Boureau, IX)

教会法学の専門家の一人であった教皇は、この法的問題が、秘跡の本性そのものを問題化しているかぎりで、教義の本質的な論点に触れるものであることを理解していた。秘跡の効力は、直接的に〈記号〉(*signum*)と〈霊印〉(*character*)に依存しており、主体の状況や目的には依存していないため、イメージに洗礼をほどこす者は、秘跡の本質を問題化している。したがって、異端の罪を犯しているのであって、たんにまじないの罪を犯しているだけではない。換言すれば、秘跡の効力と呪術の効力との近しさは、神学者と教会法学者の介入を必然的なものにするのである。

このことは、ルッカの司教でフランシスコ会士のエンリコ・デル・カッレットのもっとも長大で入念な回答において明白である。呪術的な目的は、秘跡における信仰からすれば偶然的なものであるため、そこでは〈異端の事実〉(*factum hereticale*)は問題になりえない――そう主張する人々に抗して、エンリコは逆に、洗礼が聖別の一つであることを主張する。つまり洗礼は、形相によってか記号によってか、あるものに聖別されたものを付加するのである。したがって呪術的な目的でイメージを洗礼することは、秘跡にたいして外的な目的を導入しているというだけではない。それは「妖術への指定と聖別の一形式[*quaedam consecratio*]であり、こうして事物は行為によって作用される、ないしこのような聖別によって作用されたと信じられるはずである」(*ibid.*, 15)。つまりエンリコは、イメージの洗礼によって作用された妖術の実在を信じている。もし聖別されていないイメージに呪術の作用が及んだなら、たとえ術者が悪魔の力を信じてこうした目的のためにイメージを損なったのだとしても(*ad hoc pungit ymaginem ut diabolus pungat maleficiatum*)、それはまじないであって、異端とは見なされない(*ibid.*, 29)。だが、もしイメージが儀礼に則って(*modo divino*)、洗礼されたなら、「イメージの聖別からは悪魔的なイメージが生み出され」(*ibid.*, 28)、悪魔がその力をそこに実際に忍び込ませるという。洗礼されたイメージの効力と秘跡の効力との並行性は、まさしく両者のいずれもが記号を介してはたらくという事実にある。実際、悪魔はイメージのうちに「運動の原理として」(*sicut motor in mobili* : *ibid.*, 27)現前しているのではなく、むしろ「記号においてしるしづけられているもの」(*ut signatum in signo* : *ibid.*)として現前している。まさに秘跡において起こるように、呪術イメージにおいて悪魔は、聖職者を介して、「妖術に関する記号の関係をイメージのうちに有効に打ち立てる」(*ibid.*)。そして秘跡におけるように、術者の信念がいかなるものであろうと、「聖別という単純な事実が信念を含んでおり、それゆえ異端の事例[*factum hereticale*]が実現されている」(*ibid.*)。呪術の作用と秘跡の作用は、詳細な点にいたるまで対応している。異端の事例として罪の項目に数え入れることは、この近しさを記録することにほかならない。

13

占星術はしるしの特権的な場の一つである。わたしたちがとらわれている呪術的・医学的伝統がその根をおろしているのは、まさに占星術である。『ピカトリクス』との題でラテン語訳されたアラビアのテクストのなか、あるいはアブー・マアシャルの『大序説』のなかから、デカン〔占星術の用語で、黄道十二宮を三等分したもの（つまり360÷12÷3＝10度の角）、またそれを支配する神霊的存在。十分角とも〕のイメージと形象を取り上げてみよう。アビ・ヴァールブルクは、このデカンの壮麗な再現をスキファノイア宮のフレスコ画に見たとき、かくも魅了され、その系譜を辿りおえるまで落ち着くことはなかったという。白羊宮の第一のデカンに関して、『大序説』にはこう書かれている。「このデカンでは、赤い眼をもち、背が高く、勇敢さに秀で、感情を露わにした、黒い男が立っている。彼は、ゆったりとした白い服を着ており、そのなかほどに一本の紐が巻きついている。彼は怒り、真っ直ぐに立ち、監視し、凝視している」（Warburg 1922, 256-257）。知られているように、スキファノイア宮大広間の《三月》中段にフランチェスコ・デル・コッサが描いた表象のなかのこの〈黒い男〉（*vir niger*）の陰鬱な顔つきに、ヴァールブルクは、みずからの生のいわば「秘密の伴侶」と運命の暗号のごときものを見るにいたった。『ピカトリクス』では、デカンだけでなく惑星も、こうしたたぐいの「形象」（*forma*）をもっている。そのため、白羊宮の第一のデカンでは「赤い眼と豊かな髭をもった男で、純白の亜麻の衣を纏い、歩きながら堂々とした身振りをして、その纏っている白い外套のうえに紐を巻き、真っ直ぐ立っている」（*Pingree*, 33）と記述されているとすれば、〈土星の形象〉（*forma Saturni*）

は、『ピカトリクス』にしたがうなら、「鴉のように黒い顔と駱駝の足をもつ男で、右手に棒、左手に槍か矢をもって、椅子に座っている」(*ibid.*, 51) というものである。

写本の挿絵が精細に描き留めているこれらの謎めいた形象の意味とは、いったいなんなのだろうか。これらの形象は、星座とちがって、星々が空に描いているように見える形象にはいかなる仕方でも依拠していない。また、それらが依拠する黄道十二宮の記号のなんらかの特性を記述しているわけでもない。これらの形象の機能が明らかになるのは、タリスマンの仕立てという技術的な文脈に位置づけるときのみである。『ピカトリクス』では、タリスマンは〈イメージ〉(*ymagines*) と呼ばれている。〈イメージ〉は、どのような素材からなっているのであれ、なにものかの記号でもなければ複製でもない。そうではなく、天体の力が地上の物体に影響を与えるべく一点に集められ収斂する作用のことである (*ymago nihil aliud est quam vis corporum celestium in corporibus influencium* : *ibid.*, 51)。この機能において、惑星のかたちないし形象は、〈意味の主〉(*significator*) ないし〈しるしの主〉(*signator*)、あるいはまた星々の効能を集め定位する〈イメージ〉(*ymago*) の「根」(*radix*)、と定義される。その意味で、この根それ自体が、イメージが効力をもつための作用なのである (*iste radices erunt opus celi pro effectibus ymaginum* : *ibid.*, 8-9)。〈イメージ〉のなかの形象も、惑星ないしデカンのかたちも、その意味をこの効力ある作用のうちに見いだす。いずれもしるしであり、このしるしを通して星々の影響は実現する

(*istae lineae significant vadios quos stellae proiciunt in mundo ut in centro : et hoc est opus et virtus ymaginum, et hoc modo operantur* : *ibid.*, 8)。〈イメージ〉を仕立てることが意味しているのは、あるしるし（身振りや定型でもありうるが）のうちに、問題の惑星のしるしを、共感にもとづいてイメージ化し複製することである。その意味で、空のしるしを知ることは、呪術師の学なのである。

これはいわゆる黄道十二宮の「記号」にも、同様の星座にも、いっそう当てはまる。実のところ問題なのは、記号ではない（いったいなんの記号だというのだろうか）。そうではなくて、星座とその記号のもとに生まれた者とのあいだ、あるいはより一般的には、マクロコスモスとミクロコスモスとのあいだの効力ある類似関係を表現するしるしが問題である。また記号が問題でないというだけでなく、けっして書かれなかったものも問題ではない。むしろ、フーゴ・フォン・ホーフマンスタールの深遠なイメージによるなら、空のなかに人間ははじめて「けっして書かれなかったものを読む」〔Hofmannsthal, 80〕ことを学ぶ。とはいえ、このことが意味しているのは、しるしとは、読む身振りと書く身振りとの関係が逆転して区別できない領域に入っていく、そうした場なのだということである。ここでは、読むことは書くことになり、書くことは読むことのなかに完全に溶け去ってしまう。「イメージがイメージと呼ばれるのは、そこで諸々の精気の力が一つに結合するからである。想像力［*cogitacio*］の作用は、惑星の効能を含み込んでいるものに包摂されている」（Pingree, 111）。

14

こうした考察は、ヴァールブルクが人生の最晩年を捧げて実現した謎めいた図像集『ムネモシュネ』でいったいなにが問題にされているのか、それを把握するための鍵を差し出してくれるだろう。同時に、〈情念定型〉（*Pathosformel*）をより適切に理解するための鍵も差し出してくれるにちがいない。図像集の七九枚のパネルのそれぞれを構成しているイメージ（実際には、ヴァールブルク・ハウスの写真工房で現像され焼き付けられた写真のイメージ）は、その写真に撮られている作品やオブジェ──最終的に参照すべきような──の複製として（通常の美術書におけるように）見られるべきではない。逆に、これらのイメージはそれ自体で価値がある。これらのイメージは、『ピカトリクス』における意味での〈イメージ〉（*ymagines*）であり、複製しているかに見える対象のしるしがそのなかに固定されている。つまり、〈情念定型〉が見いだされるのは、芸術作品のなかでもなければ、芸術家や歴史家の精神のなかでもない。〈情念定型〉は、図像集が詳細に記録しているイメージと一致するのである。『大序説』や『ピカトリクス』は、その頁をめくる呪術師に、タリスマンを仕立てることを可能にするデカンや惑星の〈かたち〉（*forma*）としるしのカタログを差し出している。同様に『ムネモシュネ』は、芸術家――あるいは学者――が、もし西洋の歴史的記憶の伝統のなかで問題にされてきた危険な作用を把握し実現したいのであれば、認識し操作することを学ばなければならない、そうしたしるしの図像集なのである。そのためにヴァールブルクは、実のところ科学用語よりも呪術用語に近い擬似科学的な用語でもって、〈情念定型〉や「分離された力動図」（*abgeschnürte Dynamogramme*）――芸術家（あるいは学者）と出会うそのたびごとに効力を取り戻すところの――に言及できるのである。フリードリヒ・テオドール・フィッシャーからリヒャルト・ゼーモンにいたる当時の心理学からの影響をまちがいなく受けているその用語の不確かさにもかかわらず、ヴァールブルクが捉えようとした〈情念定型〉、「記憶痕跡（エングラム）」、〈イメージ〉（*Bilder*）とは、記号でも象徴でもない。しるしである。そして、ヴァールブルクが打ち立てることのできなかった「名のない学」とは、呪術を呪術それ自体の道具立てによって克服し〈止揚〉（*Aufhebung*）するがごときものである。その意味では、しるしの考古学なのである。

15

『言葉と物』のなかでフーコーは、パラケルススの論考を引用している。しかも、しるしの理論をルネサンスのエピステーメーに位置づけるまさにそのときに引用している。このとき決定的な役割をはたしているのは、類似である。フーコーによれば、類似は十六世紀まで、テクストだけでなく、人間と宇宙との関係の註釈や解釈を支配しているという。とはいえ、類似、共感、類比、照応の緊密な骨組みからなる世界は、それらを認識させてくれるマーク、しるしを必要とする。「類似はしるしなくしては存在しない。類似しあうものの世界はマークのついた世界でしかありえない」(Foucault 1966, 40)。類似についての知は、しるしの特定と解読にもとづいている。フーコーは、しるしが類似の体系に導入する奇妙で際限ない増殖に気づいているのである。

けれどもいかなる記号が問題なのだろうか。世界のさまざまな相のなかで、交錯しあうさまざまな形象のうちで、秘められた本質的な類似を指し示すがゆえに留意するに相応しい形質がここにあるということを、いったいなにによって認識するのだろうか。いったいなにが記号を記号としての特異な価値において成立させるのだろうか。類似である。とはいえ記号は、指し示しているもの［……］に類似しているかぎりで意味する。

がしるしづけているのは、ホモロジーではない。もしそうであるなら、しるしのその独自の存在は、記号によって意味されている当のものの相貌のうちに消え去ってしまうだろう。そこにあるのはまた別の類似である。近しいが別のタイプの類似であって、最初の類似を認識するのに役立つが、それ自体も第三の類似によって発見され特定される。あらゆる類似はしるしを帯びているが、しるしもまた類似の中間形態にほかならない。したがって、マークの総体は、相似の円環に、第二の円環を紛れ込ませる。もしわずかなずれがなければ［……］第一の円環と一つ一つの点で正確に重なりあうだろう第二の円環を、そこに紛れ込ませるのだ。しるしとしるしが指示するものとは、異なる分布法則にしたがうにせよ、正確に同じ本性をもつ。現実の分節化［*découpage*］は同一なのである。（*ibid.*, 43-44）

しかしながらフーコーは、みずからが分析したパラケルススからオスヴァルト・クロルにいたる著作者たちと同様、しるしの概念を定義していない。フーコーにとっては、しるしの概念は類似の概念のうちに解消されてしまうものなのである。一方、ルネサンスのエピステーメーの定義のうちには、展開しさえすればしるしに固有の場と機能を充分に定義できるモチーフが含まれている。フーコーはある箇所で記号学を解釈学から区別している。つまり、なにが記号でありなにが記号でないのかを認識できるようにする知識の総体たる記号学を、記号の意味を発見し「記号に語らせる」(*ibid.*)ことを可能にする知識の総体たる解釈学から、区別しているのである。フーコーが示唆するには、十六世紀は「記号学と解釈学を類似という形式のなかで重ねあわせていた。[……]事物の本性、事物の共存、事物を結びあわせ交通させる紐帯といったものは、事物の類似にほかならない。そしてこの類似は、世界の隅々まで張り巡らされた記号の網目のうちでしか、あらわれることはない」(*ibid.*)。とはいえ、記号学と解釈学は、類似によって完全に一致するわけではない。両者のあいだには隔たりが残されており、そこから知が生み出される。

類似の解釈学としるしの記号学とが少しのぶれもなく一致していたなら、すべては無媒介的に明白だったことだろう。けれども、線描を形成する類似と言説を形成する類似とのあいだには食い違いがある。そこに、知とその無限の活動は固有の空間を見いだす。そして、この隔たりを縦横に往来しながら、類似するものから類似するものへと無限にジグザグに進んでいかなければならないのである。(*ibid.*, 45)

この一節ではしるしの場と本性が問題のまま残されているとしても、しるしに固有の状況が記号学と解釈学との隔たりおよび乖離に見いだされることは、確実だろう。しるしの概念をこの文脈ではじめて定義したのは、メランドリが『言葉と物』について一九七〇年に著した論文である。メランドリは、フーコーにおける記号学と解釈学の不一致から出発して、それら一方から他方への移行を可能にするものとして、しるしを定義している。

しるしとは、いわば記号のなかの記号である。しるしとは、任意の記号学の文脈で任意の解釈を一義的に参照する索引なのである。しるしは、記号を解読するためのコードを記号の仕立てによって指し示すという意味で、記号に付着している。(Melandri 1970, 147)

16　ルネサンスのエピステーメーにあって、しるしがそのように記号と指示対象との類似に依拠しているとすれば、近代科学ではもはやしるしは単一の記号の性格ではなく、むしろある記号と別の記号との関係の性格である。だがいずれにせよ、「エピステーメーのタイプは、しるしのタイプに依存しており」、しるしは「記号ないし記号体系の性格であり、これはその仕立てによって指示対象との関係を明らかにする」(*ibid.*, 148)。

記号学と解釈学との移行は自明ではなく、逆に両者のあいだには埋めがたい溝があるという考えは、エミール・バンヴェニストの研究の最終成果の一つである。「言語の記号学」と題された一九六九年の論文を取り上げよう。このなかでバンヴェニストは、言語に「二重の意味」(*une double signifiance*)を区別する。そしてこの「二重の意味」は、はっきり区別され対立しあう二つの平面に対応しているという。すなわち、記号論〔semiotico〕の平面と意味論〔semantico〕の平面である。

記号論は、言語記号に固有でありかつ言語記号を単位として構成する意味様態を指し示す。[……]認識されるにあたって記号が提起する唯一の問題は、その現実存在の問題である。この問題は肯定か否定かによって解決される。[……]記号が現実存在するのは、言語共同体の成員の総体によってシニフィアンとして認識されるときである。[……]意味論によってわたしたちは、言説によって生成された意味の特殊な様態に入る。このとき提起される問題は、メッセージの産出者としての言語の機能である。メッセージは、ばらばらに特定されるべき単位の継起などには還元されない。意味を生み出すのは、記号の加算ではなく、逆に、語という個々の「記号」に分割されながら実現される包括的な意味(「志向」)なのである。[……]意味論の秩序は、言表化の世界、言説の宇宙と同一視される。区別された二つの概念秩序、二つの概念宇宙が問題なのだということは、そのそれぞれが要求する評価基準の違いによっても示すことができる。すなわち、記号論（記号）は認識されなければならないが、意味論（言説）は理解されなければならないのである。（Benveniste 1974, 64）

バンヴェニストによれば、たんに記号体系としてのみ言語を考えようとするフェルディナン・ド・ソシュールの試みは不充分である。それではいかにして記号から発言へと移行するのかを説明できない。したがって言語の記号学、すなわち記号体系として言葉を解釈することは、「パラドクシカルなことにも、それをつくりだした道具それ自体によって、つまり記号によって妨げられてしまう」（*ibid.*, 65-66）。死後出版されたノートのなかでソシュールも直観していたように、もし言語が記号体系であると想定してしまうなら、いかにして記号が言説に変形するのかを説明できなくなってしまうのである。

さまざまな概念が言語のなかに準備されて（つまり言語学的形態を纏って）置かれている。たとえば牛、湖、空、赤い、悲しい、五、裂く、見る、といったものだ。いつ、ないしいかなる操作で、あるいはそれらのあいだに打ち立てられるいかなる作用によって、どのような条件で、これらの概念は言説を形成するのだろうか。これらの語の列は、それが喚起する観念によっていかに豊かになるとしても、それを発した個人がなにかを意

味させようと望んでいることなどけっして示唆しない。(Saussure, 14)

その意味で、バンヴェニストは過激な主張でもって締めくくることができた。「実のところ記号の世界は閉ざされている。記号から文への移行は、連辞化によってもほかの仕方でもありえない。断絶がそれらを分け隔てているのだ」(Benveniste 1974, 65)。これは、フーコーとメランドリの言い回しでは、記号学と解釈学とのあいだにいかなる移行もなく、まさにそれらを分け隔てる「断絶」にこそしるしが位置づけられるというに等しい。しるしが語らせるのでなければ、記号は語らないのである。けれどもこのことが意味しているのは、言語的意味の理論がしるしの理論によって補完されなければならないということだ。バンヴェニストが同時期に展開した言表化の理論は、この断絶に橋を架け、記号論と意味論の移行を思考可能にする試みとして考えられるだろう。

17

バンヴェニストが「言語の記号論」を公刊したのと同年、フーコーは『知の考古学』を出版する。この書物のなかにバンヴェニストの名は登場しないにせよ、またフーコーはバンヴェニスト最晩年の論文を知りえなかったという事実にもかかわらず、秘密の糸がこの言語学者のテーゼとフーコーの認識論のマニフェストとを結びつけている。『知の考古学』の比類ない新しさは、フーコーが「言表」と呼ぶものをはっきりと対象に取り上げたことにある。言表はたんなる言説（意味論）には還元できない。というのも、フーコーは慎重に言表を文からも命題からも区別しているからだ（フーコーが書くには、言表は「命題の構造を定義し抽出したときに「残る」もの」であり、いわば残りの要素、「関与的でない素材」である）（Foucault 1969, 112）。けれども、言表を完全に記号論のなかに位置づけ、記号に還元してしまうこともできない。「したがって、言表を記号の統合の側に探しても無駄だ。言表は連辞でも構成規則でもなく、継起と順列の基本形式でもなく、そうした記号の総体を現実存在させ、そうした規則や形式を現実化するものなのだ」（*ibid.*, 116）。

ここから、「言表機能」を定義するにあたってフーコーが直面した困難が生じている。またこのために、言表が記号の平面とも、それが意味する対象の平面とも、異質であることを、そのつど執拗に再確認するのである。

したがって言表は、言語と同じ様態では現実存在しない（記号から構成されているにしてもだ。たしかに記号は、自然言語ないし人工言語の体系内でしか、その個体性において定義されえない）。また知覚に与えられるなにかしらの対象と同じ様態でも現実存在しない（言表はいつでもなんらかの物質性を付与され、いつでも時空間座標にしたがって位置づけられうるものであるにしてもだ）。［……］言表は、文や命題やスピーチアクトといったものと同種の単位ではない。よって、同一の基準ももたない。しかしまた、境界と独立性をもつ物質的対象がそうでありうるような単位でもない。（*ibid.*, 114）

言表は、一連の論理的・文法的・統辞的関係に依拠する構造や記号とは同一視できない。言表はむしろ、記号、文、命題のなかで、それらの端的な現実存在のレヴェルで、効力の要因として作用する。つまり、スピーチアクトが効力あるものなのかどうか、文が正しいのかどうか、機能が実現されるのかどうかは、言表がそのつど決定できるようにしているのである。

したがって、言表は構造ではない［……］。言表とは、記号に本来的に属している現実存在の機能である。この機能から出発して、ついで分析や直観によって、記号が「意味をなす」のかどうか、いかなる規則にしたがって記号は継起したり併置されたりするのか、それはいったいなんの記号なのか、記号の定式化によっていかなる種類の行為が実現されるのかを、決定できる［……］。言表は、それ自体では少しも単位ではない。可能な単位と構造を貫いている機能である。そうした可能な単位と構造を、時空のなかに

具体的な内容をもって出現させる機能なのである。(*ibid.*, 115)

当然のこと、フーコーが説明したのは、言表を言語分析のほかさまざまなレヴェルの一つとしては定義しえないことであり、フーコーの探究する考古学が言語においてはいかなる仕方でも学問的知の領域に比較しうるような領域には限定されないことであった。『知の考古学』全体が、躊躇いと繰り返し、中断と再開によって、そして本来の意味での学の構築を狙ってはいないというはっきりとした認識によって、この困難を証言している。言表機能は、つねにすでに文や命題に授けられており、シニフィアンともシニフィエとも一致せず、むしろ「それらが与えられているという事実そのもの、および、それらが存在している仕方に」(*ibid.*, 145) 依拠している。そのかぎりで、言表機能はほとんど不可視であり、それがなにかを指し示す、ないしなにかに指し示されるということの彼方、あるいは此方で認識されなければならない。つまり必要なのは、「言語を、それが送付しようとする方向においてではなく、それが与えられている次元において問うこと」(*ibid.*, 146) である。言表機能を把握するにあたって重要なのは、コミュニケーションを秩序づけたり話す主体の能力を固定したりする論理的・文法的規則の総体を考えることというよりも、むしろ「言説実践」にとどまることである。すなわち、「特定の時代に特定の社会的・経済的・地理的・言語的領域のために言表機能の実現条件を規定した、匿名で、歴史的で、つねに時空のなかで決定されている規則の総体」（*ibid.*, 153-154）にとどまることなのである。『言葉と物』でしるしに割り当てられていた位置が『知の考古学』にあっては言表によって占められていると仮説するなら、言い換えれば、しるしが位置づけられていた記号学と解釈学との閾に言表も位置づけられると仮説するなら、すべてはもっと明確になる。言表は、しるしと同じく、記号論的でも意味論的でもない。いまだ言説でもなければ、もはや記号でもない。記号論的関係を打ち立てることもなければ、新しいシニフィエを創造することもない。そうではなくて、むしろ記号をその現実存在のレヴェルでマークし特徴づけ、それによって記号の効力を現実化し移行させる。言表とは、記号がその現実存在しており使用されているという事実によって受け取るしるしである。つまり記号がなにかを意味しているということをマークして、ある特定の文脈で記号の解釈と効力を方向づけ決定するという、消し去りえない霊印なのである。貨幣のしるしのごとく、占星術における空の星座とデカンの形象のごとく、コゴメグサの花冠にある眼状の斑点のごとく、洗礼がそれを受ける者の魂に刻み込む霊印のごとく、言表はつねにすでに記号の運命と生を実践的に決定している。それを、記号学も解釈学も汲み尽くすにはいたらない。

つまりしるしの（言表の）理論は、いわゆる純粋でマークされていない記号があるのだという偽りの抽象観念、〈しるしづけるもの〉（*signans*）は中立的な仕方で一義的にきっぱりと〈しるしづけられたもの〉（*signatum*）を意味するのだという偽りの抽象観念を修正すべく、介入する。記号が意味するのは、しるしを帯びているからなのである。しるしは必然的に記号の解釈をあらかじめ決定し、記号の使用と効力を、規則、実践、戒律に則って配分する。この規則、実践、戒律を認識することが重要である。この意味で、考古学とはしるしの学なのである。

18

『知の考古学』でフーコーは、言表のもつ純粋な現実存在としての性格をいくども力説している。言表は「構造ではな」く、むしろ「現実存在の機能」であるかぎりで、実在的な特性を与えられた対象というよりも、純粋な現実存在である。つまり言表は、ある存在者――言語――が生起するという端的な事実である。言表とはしるしであり、それが与えられてあるという純粋な事実によって言語にマークをつけるのである。

しるしの教説を存在論に結びつける企ては、十七世紀イギリスの哲学者チャーベリーのハーバートによって完成された。それはスコラ学者たちが「超越的」(*trascedentia* ないし *trascendentalia*) と呼んでいた述語 (predicati) の解釈に関するものである。この述語は、もっとも一般的な述語として、現実存在するという事実それ自体によってあらゆる存在者に関係づけられるもの、すなわち〈事物〉(*res*)、〈真〉(*verum*)、〈善〉(*bonum*)、〈或〉(*aliquid*)、〈一〉(*unum*)である。あらゆる存在者は、ただ現実存在するという事実のみによって、一であり、真であり、善なのである。このためにスコラ学者たちは、こうした述語の意味が〈存在者とともに揺れ動く〉(*reciprocatur cum ente*)と、つまり純粋な現実存在に一致すると語ったのである。そしてその本性を、〈存在の受動〉(*passiones entis*)という語句で定義した。それはすなわち、存在者が存在するという事実それ自体によって「受動し」[patisce]、受容する属性のことである。

ハーバートの能力が非凡だったのは、これら超越的な述語を(もしくは少なくともそのうちの一つを)しるしとして読み取ったことにある。『真理について』(一六三三年)でハーバートは、超越論的な〈善〉の本性と意味を分析し、それをしるしとして定義する。このしるしは、まさに存在するという事実それ自体によって、ある事物に属している。〈事物における善性とは、その内なるしるしである〉(*Bonitas...in re est ejus signatura interior*)(Herbert of Cherbury, 111)。〈善〉とは「存在の受動」の一つであり、必然的に事物をマークして、その感性的な外観(「優美な」「美しい」)においても、知性的な認識(〈究極の善のしるし〉(*ultima bonitatis signatura*)の知覚としての知解)においてもあらわれるのである。

ハーバートのこの直観の一般化を試みてみよう。この直観は、超越論的なものの教説たる第一哲学の本質的な条項に、新たな光を投げかける。存在とは、それ自体ではもっとも空虚で漠然とした概念であり、否定神学の「〜でもなく〜でもない」という限定しか容認しないかに見える。だが逆に、現実存在するという事実それ自体によって存在者へともたらされる存在が、マークやしるしを受容ないし受動し、それによって存在の理解が一定の範囲に向けられ、ある種の解釈学へと導かれたと仮定してみよう。するとそのとき、存在論は存在の「言説」として、すなわち「存在の受動」として可能になるのである。〈いかなる存在者も一であり、真であり、善である〉（*Quodlibet ens est unum, verum, bonum*）、あらゆる存在者は一のしるし（存在者を数学ないし単独性の理論へと移動させる）、真のしるし（存在者を認識の教説へと向ける）、善のしるし（存在者を共有されうる望ましいものにする）を呈示するのである。

ここにおいて浮上するのは、存在論にとってしるしの理論が特別な重要性をもつということである。〈存在の受動〉という語句では、属格の本性が――主体的なのか客体的なのか――明白でない。というよりも、むしろ存在とその受動は同一のものである。現実存在とは、受動における、すなわちしるしにおける超越論的な散種なのである。したがってしるしは（言語にたいする言表のように）、純粋な現実存在のレヴェルで事物をしるしづけるもののことである。「純粋な存在」（*on haplôs*）とは〈原しるしの主〉（*arcisignator*）であり、現実存在しているものに超越論的なマークを刻み込む。現実存在とは実在的な述語ではないというカントの原理は、ここでその真の意味を明らかにする。つまり、存在とは「あるものの概念に付け加わることのできるなにかしらの概念」ではない。なぜなら、実のところ存在は概念ではなく、しるしだからである。この意味で存在論とは、個別的な知ではなく、あらゆる知の考古学である。この考古学が究明するのは、現実存在するという事実それ自体によって存在者に関係づけられ、そうして存在者を個別的な知の解釈に向けさせるしるしである。

19

しるしの理論は、カバラーの研究者たちをもっとも苦しめている問題の一つにも光を投じる。それは〈エン゠ソフ〉(*Ein-Sof*)(単純にして無限なる存在としての神)と〈セフィロート〉(*sefiroth*)(神が顕現する十の「言葉」ないし属性)との関係という問題である。神が完全に純粋であり、一にして無限であるなら、属性と限定の複数性はいったいどのようにして認められるのだろうか。もし〈セフィロート〉が神のうちにあるなら、神はその一性と単純性を失うだろう。だがもし〈セフィロート〉が神のそとにあるなら、〈セフィロート〉は神的なものではありえないだろう。「きみはこの二者択一を逃れることはできない」と、哲学者は、カバラー主義者と交わした対話のなかで迫る。偉大なパドヴァのカバラー主義者モーゼス・ハイム・ルッツァットの対話篇『哲学者とカバラー主義者』でのことである。

〈セフィロート〉は神のうちにあるのかないのか。［……］神的なものから派生した神的なものを、どのように考えることができるだろうか。神とは唯一のものを意味し、その現実存在は必然的である。［……］ゆえに、わたしたちは神を、絶対的な一性をもつ唯一のものとして考えなければならない。とすれば、いかにして神のうちに多性を、一方から他方への光の派生や生成を、考えることができるだろうか。［……］神に祝福された聖人は絶対的に単純であり、聖人にはいかなる偶有性も帰属しえないと、わたしたちは知っている。

同様の問題は、キリスト教神学においても（ユダヤ教神学でもイスラーム教神学でも）、神の属性の問題として提起されている。よく知られているように、ハリー・オーストリン・ウルフソンとレオ・シュトラウスによれば、プラトンからバルーフ・デ・スピノザにいたるまでの西洋の哲学と神学の歴史は、神の属性をめぐる教説の歴史と符合するという。とはいえ、哲学者も神学者も飽くことなく繰り返しているように、この教説は本来的にアポリアである。神が絶対的に単純な存在であり、神においては本質と現実存在とが区別しえないとすれば、本質と属性、類と種とを区別することも不可能である。しかしながら、神が絶対的に完全な存在であるとすれば、属性が完全さを表現しているかぎりで、神はなんらかの仕方ですべての完全さとすべての属性を所有しているはずである。かくして、神において属性が実在的に現実存在しているのだと断定する人々と、属性は人間の精神のうちにのみ現実存在しているのだと、これまた断固として主張する人々のあいだで、陣営は分断される。

しるしはこの誤った二者択一を破棄する。属性（カバラー主義者たちにとっての〈セフィロート〉のような）は、神の本質でもなければ、本質にとって外的ななにものかでもない。属性とは、神の現実存在にほかならない存在の絶対性と単純性をわずかに傷つけ、それによって神を顕現させ、認識可能にするしるしなのである。

20

啓蒙主義とともに、しるしの概念は西洋の科学から姿を消す。『百科全書』がこの語に割いた二文は、しるしへの嘲笑的な追悼文になっている。〈植物の形象とその効用のあいだの馬鹿げた関係。この突飛な体系は、あまりにも流行しすぎたというにすぎない〉（*Rapport ridicule des plantes entre leur figure et leur effets. Ce système extravagante n'a que trop régné.*）〔『百科全書』XV, 187〕。けれども意味深いことにも、しるしは別の名のもとに、十九世紀後半から徐々に再登場しはじめる。まったく別種の知と術に関わるその再出現を注意深く地図に描き出したのは、イタリアの歴史家カルロ・ギンズブルグである。その名高い論考は、メソポタミアの神託からジクムント・フロイトまで、身元確認に関する警察の技術から美術史にいたるまでの道程を、包括的に取り集めている。ここでは、ギンズブルグがその認識論パラダイムを、ガリレオ・ガリレイ的な科学のモデルから区別して、「指標的なもの」〔indiziario〕と定義し、再構築したことを思い起こせば充分だろう。この認識論パラダイムは「すぐれて質的な学問であり、個別の事例、状況、史料を、個別のものであるかぎりにおいて、対象とする。そしてまさにこのために、消し去れない偶然性に縁取られた結果へと辿りつくのである」(Ginzburg, 170)。

　模範的な事例の一つは、ジョヴァンニ・モレッリのものである。モレッリは、一八七四年から一八七六年までのあいだに、ロシア人のレルモリエフ（実のところ、これは*Morelli eff.* つまりモレッリが〈なした〉（*effinxit*）ないし〈作成した〉（*effecit*）のアナグラム、いやむしろまさしく真の「しるし」である）という偽名で、一連の論文を公刊した。これらの論文は、絵画の作者帰属の技術に革新をもたらすことになった（とりわけ、それまで「ティツィアーノの失われた原作にもとづいたサッソフェラートによる模写」だと思われていたドレスデン絵画館の《眠れるウェヌス》を、ジョルジョーネに帰属させたのは、モレッリの功績である)。「モレッリ方式」の新しさは、ヤーコプ・ブルクハルトとフロイトの賞賛を引き起こした一方、その仕事にたずさわる人々の憤慨を引き起こしもした。この方式の新しさは、もっとも目立つ様式や図像の特徴に注意を集中する——それまで美術史家たちがしてきたように——のではなく、むしろ無意味な細部を検討したことにある。たとえば耳たぶ、手や足の指のかたち、また「さらには爪といった〈語るもいまわしい〉(*horribile dictu*) 不愉快なものさえも」(*ibid.*, 164) 検討したのである。副次的な細部の制作においてこそ、様式上のコントロールが緩み、その芸術家のもっとも個人的で無意識的な特徴が「本人も気づかぬうちに逃れ出て」(*ibid.*) 突発的にあらわれる可能性があるのだ。

ギンズブルグは、作者帰属の問題に取り組んだ美術史家エンリコ・カステルヌオーヴォのあとを辿って、モレッリの指標による方法を、ほぼ同時期にアーサー・コナン・ドイルが探偵シャーロック・ホームズのために発明した方法に近づけた。「芸術の目利きは、探偵に比較できる。探偵は大半のひとには知覚できない指標をもとに、犯罪の張本人(タブローの作者)を発見する」(*ibid.*, 160)。靴の泥についた指紋や、床におちた煙草の灰、耳たぶの湾曲(『ボール箱事件』の物語での)といったものにたいするホームズのほとんど偏執狂的な注意は、まちがいなく、巨匠たちのタブローの取るに足らない細部にたいする偽レルモリエフの注意を思い起こさせる。

モレッリの著作が精神分析を構想しはじめる以前のフロイトの注意を引いたというのは、有名な話である。すでにエドガー・ヴィントが指摘していたことだが、作者の個性はより緊張の緩んだ部分に探られるべきというモレッリの原理は、近代心理学の原理を思い起こさせる。それによれば、わたしたちの性格の秘密を暴露するのは、まさしくわたしたちの無自覚で些細なしぐさであるという。フロイト自身、「ミケランジェロの《モーセ像》」についての論考で、躊躇うことなくこう断言したのであった。いわく、モレッリ方式は「医師の精神分析の技法と緊密な婚姻関係を結んでいる。この技法もまた、ほとんど重視されず一顧だにされない要素、われわれの観察にとってごみか「残り屑」でしかないものにもとづいて、秘められ隠された事象を見抜くことを本領としている」(Freud 1914, 24)と。

モレッリ方式と同様に、シャーロック・ホームズやフロイト、アルフォンス・ベルティヨンやフランシス・ゴルトンの方式がもとづいてもいる指標の本性は、しるしの理論のパースペクティヴに位置づけられるとき、ことのほか明瞭になる。モレッリが耳たぶや爪のかたちの描かれ方のなかから収集した細部、ホームズが泥や煙草の灰に探した痕跡、フロイトが注意を傾けた残り屑と言いまちがい。それらはすべてしるしであり、厳密な意味での記号論的次元を越え出て、一連の細部を個人や出来事の身元確認ないし特徴把握に効果的に関係づけるのである。

ところで、パリのフランス国立図書館の版画写真部には、アンリ＝デジレ・ランドリュの犯罪（一九一九年）についての取り調べのあいだに、被告人の庭から警察によって押収された物品や手掛かりの写真複製が、ひとそろい保管されている。それはタブローの額縁のような封をされた陳列棚である。そこには安全ピンやボタン、金属製の留め金とクリップ、骨の破片、埃の入った小瓶、その種の些細なものが、完全に整然と分類されている。いやおうなしにシュルレアリストたちの夢のオブジェを思い起こさせるこれら些細な収集物の意味とは、いったいなんだろうか。すべての陳列棚に付されたキャプションはなんら疑いを与えない。それは、指標ないし痕跡として犯罪と特別な関係を保ちつづける事物や身体の断片なのである。したがって指標があらわすのは、しるしの模範的な事例である。しるしは、それ自体としては個性がなく無意味なものを、出来事（この場合には犯罪だが、フロイトの場合ならトラウマとなる出来事）や主体（被害者、殺人犯、さらにはタブローの作者）との効力ある関係のもとにおくのである。ギンズブルグが論考のエピグラフに掲げたヴァールブルグの名高いモットーによれば、「善き神」は細部に宿るという。その神とはしるしの主である。

21

しるしの真に固有の哲学は、ヴァルター・ベンヤミンが模倣の能力に捧げた二つの断章に含まれている。しるしという語が登場することはけっしてないにせよ、ベンヤミンがそのなかで「模倣の要素」(*das Mimetische*)あるいは「非物質的な類似」と呼ぶものは、まちがいなくしるしの領域を参照している。ベンヤミンは、類似を知覚するというきわめて人間的な能力の系統発生の再構築を試みる一方で、わたしたちの時代におけるその能力の凋落を書き留めている。この類似を知覚する能力は、実のところ、わたしたちがここまで分析してきたしるしを認識する能力と、寸分違わず一致する。パラケルススやベーメにおいてそうであったように、模倣の能力の圏域は、たんなる占星術やマクロコスモスとミクロコスモスの照応——ベンヤミンはそこに長らく立ち止まったが——ではなく、第一に言語なのである(ゲルショム・ショーレムと照応させるなら、当該の断章は「言語の新しい教説」として呈示される)。言語とそれを書きしるしたものは、こうしたパースペクティヴのもと、ある種の「非感性的な類似と照応のアーカイヴ」(Benjamin 1977, 213)として姿をあらわす。このとき非感性的な類似や照応は、「語られたものと志向されたものとの緊張だけではなく、書かれたものと志向されたもの、さらには語られたものと書かれたものとの緊張をも」(*ibid.*, 212)基礎づけ、分節する。ここで言語の呪術的・模倣的要素についてベンヤミンが精錬している定義は、わたしたちがしるしに与えた定義と、完璧に符合する。

言語において模倣的であるすべてのものは、炎のように、ある種の担い手［*Träger*］においてのみ、明らかにされうる。この担い手とは、記号論的なものである。したがって、言葉や文の意味連関が担い手となってこそ、類似は閃光のごとくあらわれるのである。というのも、人間にとっての類似の産出は、人間が類似についてもつ知覚と同様、多くの場合、とりわけもっとも重要な場合には、一瞬の閃光に委ねられているからだ。類似は飛び去るのである［*Sie huscht vorbei*］。（*ibid.*, 213）

しるしと記号の関係についてすでに見たように、ベンヤミンにおける非物質的な類似は、言語の記号論的要素の還元不可能な補足物として機能する。それなしでは、言説への移行は理解できないものになってしまう。ヴァールブルクの占星術のしるしにとってそうだったように、最終的に呪術の克服を可能にするのは、まさしく言語がもつこの呪術的・模倣的要素の理解なのである。

したがって言語とは、模倣行動の最高段階、非感性的な類似のもっとも完全なアーカイヴだろう。言語は媒体であり、そこに模倣的な生産と受容についてのもっとも太古の力があますところなく流れ込み、ついには呪術的な力を打ち消すにいたるのである。

(*ibid.*)

22

ベンヤミンにあっては、とりわけパリのパサージュについての仕事をはじめて以降、歴史がしるしに固有の区域になっている。このときしるしは、「索引」〔indice〕(「秘められた」、「歴史的な」、「つかのまの」)という名、あるいはときに「弁証法的な」という性格を与えられる「イメージ」(*Bilder*)という名とともにあらわれる。「歴史の概念について」の第二テーゼには、次のような一節がある。「過去は秘められた索引をたずさえており、その索引は過去を救済へと送り返す」(Benjamin 1974, 693)。これは『パサージュ論』の断章 N3, 1で詳らかにされている。

イメージの歴史的な索引が語っているのは、イメージがある特定の時代に属していることだけではない。なによりも、ある特定の時代においてのみイメージは解読できるようになるということを語っている［……］。いかなる現在も、それと同時にあるイメージによって決定されている。あらゆる「いま」［*Jetzt*］は、ある特定の認識が可能になるいまなのである［……］。過去がその光を現在に投げかけるのでも、現在がその光を過去に投げかけるのでもない。むしろ、かつてあったものが一瞬の閃きのうちにいまと結ばれ、星座をなす。イメージとはそのようなものである。別の言葉でいうなら、イメージとは静止した弁証法なのである。(Benjamin 1982, 577)

そして第五テーゼでは、イメージのもつ不安定で閃光のような性格が再確認されている。その言い回しは、模倣能力についての断章で非感性的な類似にもちいられていた言い回しとまったく同じである。

> 過去の真のイメージは飛び去る［*huscht vorbei*］。閃いたあとはもはや認識可能な瞬間にはあらわれないイメージとしてのみ、過去は把握できる。(Benjamin 1974, 685)

弁証法的なイメージについてのこうした名高い定義は、固有の文脈に戻されるなら、より明瞭になるだろう。固有の文脈とは、歴史的しるしの理論に関するものである。この点でシュルレアリストやアヴァンギャルドの例にしたがうベンヤミンの探究が、とりわけどのような対象に特権を与えていたかは、よく知られている。すなわち、まさに副次的なものとして、ひいては屑として（ベンヤミンは歴史の「ぼろ」について語っている）あらわれる可能性があるからこそ、ある種のしるしや索引をいっそう強力に提示し、現在へと送り返すような対象である（一九三〇年代にすでに老朽化しており、ほとんど夢想的なものであったパサージュは、その原型である）。したがって歴史的な対象とは、けっして自然に与えられるものではない。歴史的な対象はつねに索引やしるしを帯びており、それによってイメージとして構成され、ひとときその読解可能性を決定され条件づけられる。歴史家は、アーカイヴの膨大で不活性な山のなかから、偶然あるいは恣意的な方法で史料を選んだりはしない。歴史家は、いまここで読まれることを欲するしるしの、眼に見えぬかぼそい糸をたぐる。ベンヤミンによれば、研究者の序列は、まさしく本性的に束の間のものたるしるしを読む能力によって決まるのである。

23

流行（モード）もまた、しるしの特権的な領域である。まさしく流行においてこそ、しるしはその純粋に歴史的な性格を示す。というのも、そのつど認識されるべきアクチュアリティは、つねに時間的な参照と引用のたえまないネットワークを介して構成され、それによって「もはや〜ない」「新たに」などと規定されるからである。つまり流行は、時間のなかに独特の断絶を導き入れる。アクチュアルであるかそうでないか、あるいは流行しているかもはやしていないかによって、時間が分断されるのである。この句切りは、微妙なものではあるが、ある意味ではっきりとしてもいる。というのも、流行を察知しなければならない人々は、必然的にこの句切りを察知するか、さもなくば逸するのであり、まさにこのようにして人々はみずからが流行に乗っている(あるいは乗っていない)ことを証言する。だが、もしそれを客観視して、クロノロジカルな時間のなかに固定しようとするなら、把握しがたいものになるだろう。

つまるところ流行のしるしは、年代(二〇年代、六〇年代、八〇年代、……)を線的なクロノロジーから剝ぎ取り、スタイリストの身振りとの特別な関係のうちに配置する。スタイリストは年代を引用して、それを現在という計算不可能な「いま」のうちに出現させるのである。しかしこのことは、それ自体としては把握しがたい。というのもそれは、過去のしるしとのカイロロジー(ハイデガーの造語で、ギリシア語カイロス(好機)に由来する時間概念。直線的な時間概念のクロノロジーと対比される)的(クロノロジー的でなく)な関係のもとでのみ、生きるからだ。このために、流行に乗っているということはパラドクシカルな状況であり、なにかしらの余剰や知覚できないほどのずれを必然的に孕んでいる。

そこでは、アクチュアリティは、その内部にみずからの外部の一部分を、〈流行遅れ〉（*démodé*）の陰影を、含み込んでいる。流行に乗っている人間は、歴史家と同じく、完全に過去に位置するのでも、あますところなく現在と一致するのでもなく、むしろ両者の「星座的布置」に、つまりしるしの場それ自体に立つときはじめて、しるしを読むことができるのである。

24

〈告発〉（*Indicium*）と〈告発者〉（*index*）はいずれも、もとは「示すこと」（言葉で示すこと、すなわち言うこと）を意味するラテン語の *dico* に由来する。言語学者たちと文献学者たちはかねてより、*dico* の関連語彙と法の領域とを結びつける本質的な繋がりに気づいていた。「言葉によって示すこと」は法の定型に固有の操作であり、その定型を発することは、ある結果を生み出すのに必要な条件を実現している。そのために、*dix* という語（これは「形式上」という慣用句の *dicis causa* にのみ残存している）は、バンヴェニストによれば、「なされるべき事柄を言葉の権限によって示すこと」（Benveniste 1969, II, 109）を意味するのである。〈裁判官〉（*iudex*）が「法を言う者」であるように、〈告発者〉

は、「言葉によって示し、指す者」である。同一のグループに*vindex*という語が属しているが、これが意味するのは、裁判のとき被告に代わって裁決を被ると申し立てる者のことである。

この*vindex*という語の意味を明確にしたのは、ピエール・ノアイユの功績である。伝統的な語源学によれば、この語は*vim dicere*に由来するという。字義通りには、「力を言う、あるいは示すこと」である。けれどもこれはいったいどのような「力」なのだろうか。ノアイユが指摘するには、この問題に関して学者のあいだに重大な混乱が生じているという。

学者たちはこの語の可能な二つの意味のあいだをたえまなく揺れ動いている。それは力なのだろうか、それとも暴力という物理的に行動へ移された力なのだろうか。実のところ学者たちは、そのどちらかを選ぶことはなく、むしろその時々に応じて一方の意味を提示したり、他方の意味を提示したりする。〈訴訟処理〉(*sacramentum*)の〈弁護行為〉(*vindicationes*)は、ときには力の顕現として、ときには象徴的な見かけだけの暴力の行使として提示されるのである。*vindex*についての混乱はさらに大きい。実際、それが表現している力ないし暴力が、それに固有のもので法に奉仕するものなのか、それとも訴訟相手の暴力であって裁きに反するものなのかは、定かではないのである。

(Noailles, 57)

こうした混乱にたいしてノアイユは、問題の *vis* が力でも物理的な暴力でもありえず、たんなる儀礼の力であることを示す。つまりそれは、「強制する力ではあるが、たとえ見せかけだとしても暴力行為として物質的にもちいようとすべきでも、もちいるべきでもない力である」(*ibid.*, 59)。この点に関してノアイユは、アウルス・ゲッリウスの一節を引用している。その引用では、「言葉によって言われる［……］市民の力」(*vis civilis...quae verbo dicerentur*)が、〈戦争と流血の力をもって、手によってなされえた力〉(*vis quae manu fieret, cum vi bellica et cruenta*)に対置されている。ノアイユの説を発展させて、こう仮定してみることもできるだろう。すなわち *vindex* の実行において問題になる「言葉によって言われた力」とは、法の根源的な力のように、効力をもつ定型の力である。法の領域とは効力ある言葉の領域であり、「言う」の領域なのである。というのも、「言う」とはつねに *indicere*（厳粛に公言する、宣言する）、*ius dicere*（法に適ったことを言う）そして *vim dicere*（効力ある言葉を言う）ことであるからだ。もしもこのことが真実だとすれば、法とはまさしくしるしの領域である。というのもそこでは、言葉の効力が、その意味にたいして過剰になっている（ないし意味を実現している）からである。と同時に言語全体はここで、それがしるしの領域と根源的に関連していることを示す。言語とは意味作用の場である以前に（あるいは正確にはそれと同時に）しるしの場であり、しるしなくしては記号は機能しえないだろう。言語が呪術と踵を接するかに見える〈スピーチアクト〉（*speech acts*）とは、こうした言語のもっているしるしとしてのアルカイックな本性の遺産のなかで際立っているものの一つでしかないのだ。

25

人文科学における――とりわけ歴史分野における――どの研究も、かならずしるしと関わりあっている。しるしを認識し、正しく扱うことを学ぶのは、研究者にとってなおのこと喫緊のものである。というのも、その探究がよい成果をあげるかどうかは、最終的には、まさにしるし次第だからだ。かつてジル・ドゥルーズは、哲学研究が少なくとも二つの要素を含んでいると書いた。すなわち、問題の特定、およびその問題に取り組むのに適した概念の選択、である。ここに付け加えるべきは、概念がしるしをともなっているということだろう。しるしなしでは、概念は活用できず、不毛になってしまう。それどころか、はじめ概念だと思えたものがしるしであったことが明らかになる（そしてその逆）ということも起こりうる。その意味で、すでに見たように、第一哲学における超越論的なものは概念ではなく、しるしであり、「存在」概念の「受動」である。

同じく人文科学でも、実のところはしるしであるような概念を相手にしているということが起こりうる。その一つが世俗化である。世俗化については、一九六〇年代なかばにドイツにて、ハンス・ブルーメンベルク、カール・レーヴィット、カール・シュミットといった人物を巻き込み、活発な議論が交わされた。この議論に不備があったとすれば、それは以下の事実による。すなわち、神学的概念系と政治的概念系との「構造的同一性」(Schmitt, 19) が問題であれ(シュミットのテーゼ)、あるいは、キリスト教神学と近代との不連続性が問題であれ(これが、レーヴィットにたいするブルーメンベルクのテーゼ)、いずれにしても「世俗化」は概念なのではなくて、戦略的な操作子であるという事実に、参加者のだれもが気づかなかったように思えるのだ。この操作子によって、政治の諸概念がしるしづけられ、その神学的な起源に送り返されるのである。つまり世俗化は、近代の概念系にあってしるしとしてはたらき、この概念系を神学へと送り返すのである。教会法にしたがえば、還俗した聖職者は、かつて所属していた聖職位のしるしを帯びることになるという。同様に「世俗化した」概念は、しるしとして、神学の領域にかつて所属していたことを提示する。つまり世俗化とは、記号にせよ概念にせよ、それをしるしづけ、それを超え出て、それをある一定の解釈ないし分野に送り返すのだが、とはいえ、そこから新しい概念や意味を構成するわけではない、そのようなしるしなのである。世俗化のもつしるしとしての性格を把握してはじめて、マックス・ヴェーバーから今日にいたるまで、たえまなく学者たちを駆り立ててきたこの論争の争点——最終的には政治的な——を理解できるだろう。

いつであれ決定的なのは、しるしによってもたらされる参照が理解されるその仕方である。この意味で、二十世紀の哲学と人文科学における論争を支配してきた数々の教説は、多かれ少なかれ意識的なしるしの実践を含んでいる。それどころか、二十世紀の思想の無視しえない部分の根底には、しるしの絶対化とでも言うべきもの、つまり意味作用にたいするしるしの構成的優位の教説があると言っても過言ではないだろう。

たとえば二十世紀の人文科学に決定的な影響を与えたニコライ・トルベツコイの欠如的対立〔プラハ学派の音韻論の用語で、有声音と無声音のように、弁別特徴のあるなしによる対立のこと。漸次的対立や等値的対立と区別される〕の概念を取り上げてみよう。この概念によれば、マークのない語はマークのある語に対立しない。不在が現前と対立しないようにである。むしろ非現前は、ある意味で、現前の零度に等しい（つまり現前はその不在にあっては欠けている）。同様に、ロマン・ヤコブソンによるなら、零記号ないし零音素はいかなる弁別特徴も含んでいないが、固有の機能として、音素のたんなる不在に対立している。こうした概念の哲学的基礎は、「欠如」（*stérēsis*）についてのアリストテレスの理論にある。〈止揚〉（*Aufhebung*）というヘーゲルの概念も、その一貫した展開の一つである。事実、アリストテレスにしたがえば、欠如は、欠如している形相への参照をなおも含んでいるかぎりで、たんなる「不在」(*apousia*)とは区別されるという(『形而上学』1004a, 16)。この形相は、まさにその欠乏によって確証されているのである。

一九五〇年代のおわり、クロード・レヴィ゠ストロースがシニフィエにたいするシニフィアンの構成上の過剰に関する理論のなかで展開したものも、こうした概念である。レヴィ゠ストロースによれば、意味作用はもともと、それを満たすことのできるシニフィエにたいして過剰である。この乖離は、それ自体では意味を欠いている自由に浮遊するシニフィアンの現実存在によって示されている。したがって重要なのは、「零という象徴価値をもち、たんに補足的な象徴内容の必要性を表現する」(Lévi-Strauss, L)記号、すなわち非記号なのである。この理論は、記号にたいするしるしの構成上の優位という教説として読むなら明白になるだろう。つまり零度とは記号でなく、むしろしるしであり、いかなるシニフィエも満たしえない無限の意味作用の要求として、シニフィエの不在のままにはたらきつづけるのである。

かくしてここでもまた、すべては記号にたいするしるしの優位が理解される仕方次第であることになる。二十世紀の最後の三十年間に脱構築がおさめたつかのまの成功は、シニフィエという完結した出来事に近づけないように、しるしを宙吊りにし空回りさせるという、解釈実践に結びついている。つまりこの実践は、あらゆる概念を超えたところにある純粋なエクリチュールとしてのしるしという思想であり、それによって意味作用の尽きなさ――無際限の繰り延べ――が保証されている。これが「原痕跡」や「根源的な代補」という概念の意味であり、またジャック・デリダがこれら「決定不可能なもの」の非概念的な性格を倦むことなく主張する意味である。問題なのは概念ではなく、原しるしあるいは「零度のしるし」なのである。それは、あらゆる概念や現前にたいして、つねにすでに代補として置かれている。しるしは、代補の位置にあって、起源において起源から分離され、たえまない〈差延〉(*différance*)のもとで、あらゆる意味を超え出る。そして、純粋な自己意味作用によって、みずからの痕跡を消去するのである。「したがって同時にこの過剰の記号は、可能なあらゆる現前/不在にたいして、絶対的に過剰でなければならない[……]が、しかしながら記号はなんらかの仕方でなおもみずからを意味する[……]。そのとき痕跡は、それ自体の消去として生み出される」(Derrida, 75-77)。しるしがみずからを意味するとは、自己自身を把握することでも、それ自体で無意味になってしまうことでもなく、むしろその身振り自体に追放され、延期されることである。この意味で痕跡とは、宙吊りにされてみずから自身に送り返されたしるしであり、みずからの〈充満〉(*plērōma*)を知らない〈空虚〉(*kénōsis*)である。

さて、フーコーの考古学の戦略は、これとまったく異なっている。この戦略もまた、しるしから、そしてしるしが意味作用にたいして過剰であることから、出発する。だが、しるしなき純粋な記号が与えられないのと同様、根源的な位置にある（たとえそれが代補としての位置であったとしても）しるしを分離することもまた不可能である。『知の考古学』によれば、しるしのアーカイヴには、あらゆる有意味な言説に刻み込まれている非意味論的なものが取り集められている。またこのアーカイヴは、曖昧で無意味な縁としてスピーチアクトを取り囲み、制限している。けれどもこのアーカイヴは、記号の使用と現実存在の条件を決定する規則全体を定義してもいる。記号が意味をなすこと、時空のなかに対置されたり、ある時間と空間のなかで生じたりすることの全体を定義しているのである。フーコーの考古学は、起源を探すことも、その不在を求めることもない。「ニーチェ、系譜学、歴史」（一九七一年）という論考で倦むことなく繰り返されているように、認識ないし道徳の系譜学をなすことは、それらの起源を探すことではない。このような起源の探究は、個々の事例を取るに足らないもの、あるいは接近不可能なものとしてなおざりにし、それらのはじまりについての些細な事柄や、それらの歴史の逸話や偶発事を顧みない。逆に系譜学とは、出来事をそれ自体の分散のうちにとどめ、出来事の意味にともなってそれを決定する誤りやもっとも低次の逸脱にかかずらうことである。一言でいえば、系譜学とは、あらゆる出来事のうちに、その出来事を特徴づけ特定するしるしを探し出すことであり、またあらゆるしるしのうちに、そのしるしをもたらし条件づける出来事と記号を探すことである。つまり、フーコーの言葉をさらに引くなら、「話すとはなにかをなすことであってたんに思想を表現することではない、というのを示すこと」なのである（Foucault 1969, 272）。

脱構築や考古学がしるしの戦略のカタログを埋め尽くすものではないことは、自明である。たとえば、純粋なしるしに際限なくとどまるのでも、そのしるしが言説の出来事や記号と取りもつ重要な関係をたんに知ろうとするのでもなく、しるしと記号の、また記号論と意味論の分裂を超え出てしるしをその歴史的達成にまで導く実践というものを想像できるだろう。この意味で、しるしを超えて〈しるしなきもの〉〔Non-segnato〕――パラケルススにしたがえば、楽園の状態と最終的な完成とに一致するもの――へと向かう哲学的探究が可能であるなら、それはいわゆるもう一つ別の歴史であり、別の人々が検証すべきものである。

第三章　哲学的考古学

1

「哲学的考古学」なる観念がはじめて登場するのは、イマヌエル・カントにおいてである。「形而上学の進歩に関する懸賞論文」のために一七九一年に著わされた「断片」のなかで、カントは「哲学の哲学的歴史」の可能性について問うている。カントが書くには、そのような歴史は「それ自体では歴史的にも経験的にも可能ではなく、ただ理性的にのみ、つまりア・プリオリにのみ可能である。この歴史が理性の〈事実〉(*facta*)を提示するとすれば、そうした〈事実〉は歴史の語りから借用されたものではありえず、むしろ哲学的考古学として[*als philosophische Archäologie*]人間理性の本性から引き出されなければならない」(Kant 1942, 341)。こうした考古学はパラドクスを孕んでいる。というのも、たんに哲学者たちが「世界の事物の起源、目的、終極に関してでっちあげたもの」(*ibid.*)が、つまり「あちこちから因果的に生じてくる数々の意見〔*Meynungen*〕」の歴史が問題となっているわけではない以上、この考古学は出発点を欠き、「起こらなかったことの歴史」(*ibid.*, 343)を提起するという危険があるからだ。

カントはその「断片」でいくどもこのパラドクスに立ち戻る。「起こらなかったことの歴史を書くことはできない。ただその歴史のために材料と素材を与えることができるだけである」(*ibid.*, 342-343)。「あらゆる歴史認識は経験的である。〔……〕したがって、哲学の歴史表象が語るのは、いかにして、どのように哲学したのかである。しかし、哲学することは人間理性の漸次的展開であって、これは経験的な仕方で進んだことはありえず、純粋概念にしたがってはじまったこともありえない」(*ibid.*, 340)。「哲学の歴史は特別な種のものであるため、そこではまずなにが起こるべきだったのかを知らなければ、起こったことについてなにも語ることができない」(*ibid.*, 343)。

カントが「哲学的考古学」と呼んだ学のきわめて独自の性格について、ここで考察してみよう。この学は「歴史」としてあらわれる。よって、固有の起源を問わずにすますことはできない。しかし、それはいわばア・プリオリな歴史であり、その対象が人間性の目的それ自体に、つまり理性の展開と行使に一致する。とすれば、この学が追求するアルケーは、年代的なデータと同一視できず、けっして「アルカイックな」ものでもありえない。さらには、哲学が扱うのは起こったことだけでなく、むしろとりわけ起こるべきだったことである。ならば、この学それ自体がある意味でいまだ与えられていないものだということになり、したがってその歴史は「起こらなかったことの歴史」となるだろう。

だからこそカントは、『論理学』のなかでこう書くことができたのだ。すなわち、「すべての哲学者は、言ってみれば、みずからの著作を他人の廃墟のうえに［*auf den Trümmern*］築く」。「哲学とは、学ぶことのできるなにものかではない。というのも、哲学はいまだ与えられていないという、単純な事実のためにだ」（Kant 1974b, 448）。その意味で、考古学とは廃墟の学、「廃墟学」［rovinologia］である。その対象が完全に経験的な現在として真に与えられることは、本来の意味で超越論的な原理を築くことなしには、けっしてありえない。アルケーとは、与えられるべきだったものであり、おそらくいつか与えられうるものであり、けれどもいまは廃墟と化した部分的な対象の状態でしか存在していないものである。アルケーは、現実には存在しない哲学者たちのように、ただ〈原像〉（*Urbilder*）、原型、起源のイメージとしてのみ与えられる（Kant 1973, 7）。そして「原型が原型であるのは、ただそれが獲得されえない場合のみである。原型はただ指針［*Richtschnur*］としてのみ役立つ」（*ibid.*）。

2

一九七一年のミシェル・フーコーの論文「ニーチェ、系譜学、歴史」の根底にあるのは、あらゆる真正な歴史実践のうちにあらわれている本質的な異質性という観念、歴史実践が探究するアルケーと実際に書き上げられた起源との構成上の隔たりという観念である。この論文の戦略はもとより明白である。すなわち、フーコーがフリードリヒ・ヴィルヘルム・ニーチェにモデルを求めている系譜学なるものを、起源を追求するあらゆる研究に対抗させることが問題になっているのである。こうした視座では、歴史との同盟を模索することもまた有益でありうる。「系譜学は歴史に対立してはいない。〔……〕逆に、観念的な意味や不特定の目的論によるメタ歴史的な説明に対立している。系譜学は、「起源」の探究に対立しているのである」(Foucault 1994, II, 136-137)。こうした目的でフーコーは、ニーチェがもちいた語句のなかでも、「*Ursprung* よりもよく系譜学に固有の対象を指し示す」(*ibid.*, 140) という二つの語彙を〈起源〉(*Ursprung*) から区別している。「起源」のためにとっておかれた *Ursprung* なる用語は、憎まれ者のようなもので、それから距離を取る必要があるというわけである。これに代わる二つの語彙とは、フーコーが「*provenance*」と訳している〈由来〉(*Herkunft*)、および「*point de surgissement*」と訳している〈成立〉(*Entstehung*) である。ニーチェが起源の探究を拒否した理由は、〈起源〉

によって指し示されるのが、「事物の正確な本質であり、そのもっとも純粋な可能性であり、それ自体で入念に折り重ねられたその同一性であり、外的で偶然的で後続するものすべてに先立つその不変のかたちである」からだ。

そのような起源を探究することは、「すでにあったもの」、つまりそれ自体に完全に適合したイメージの「まさにそのもの」を見いだそうと試みることを意味する。起こった波瀾のすべて、策略のすべて、偽装のすべてを、あとづけのものと考えることを意味する。すべての仮面を剝ぎ取り、最終的に原初の同一性を明らかにしようと欲することを意味する。(*ibid.*, 138)

まさにこうした考えに抗して、系譜学者は闘う。系譜学者が発端としてなにかを追求することがないというのではない。ただ、系譜学者が「事物の歴史的発端」(*ibid.*) に見いだすのは、けっして「その起源に保持されている同一性」ではないのである。

したがって、価値、道徳、禁欲、認識の系譜学をおこなうことは、歴史のエピソードのすべてを到達不可能なものとしてなおざりにし、その「起源」の追求へと出発することではけっしてない。逆に、細部への配慮と諸々の発端の偶然性に専心することである。

［……］系譜学者は、起源のキマイラを祓うために歴史を必要とする。(*ibid.*, 140)

ここで「祓う」〔sconjurare〕と訳したフランス語 *conjurer* は、「呼び寄せる」と「追い払う」という、対立する意味を一つに結びつけている。あるいはおそらく、これら二つの意味は対立していないだろう。というのも、なにかを——幽霊を、悪魔を、危険を——祓うには、まずそれを呼び寄せなければならないからだ。系譜学者と歴史家との同盟は、その固有の意味をこの「召喚＝追放」に見いだす。後年の一九七七年のインタヴューでは、この同じ身振りによって系譜学と主体との関係が定義されている。主体から決定的に解放されるために、歴史の筋立てのなかで主体の構成を説明できなければならないというのである。

構成する主体から解放されることで、主体それ自体から解放される必要がある。歴史の筋立てのなかで主体の構成を説明する分析へと、到達する必要があるのだ。これこそ系譜学と呼ばれるものである。つまり、知、言説、対象の領域などの構成を、主体への準拠なしに説明するのである。(*ibid.*, III, 147)

系譜学で問題になる操作は、起源と主体の召喚および追放からなる。けれども、その場所には、いったいなにが取って代わるのだろうか。というのも、それでもなお、知、言説、対象の領域が構成される契機としてのなにものかにまで遡ることが問題だからだ。ただし、この「構成」が起こるのは、言ってみれば、起源の非゠場においてである。「由来」(*Herkunft*)と「成立」(*Entstehung*)は、起源の位置にあることもありうることもないのだとすれば、いったいどこに位置づけられるのだろうか。

3

あらゆる歴史研究におけるフリンジないし異質な層――これは年代的な起源の位置にではなく、質的な他性として位置づけられる――を特定したことは、実のところニーチェではなく、ニーチェのもっとも明晰で忠実な友人であった神学者フランツ・オーヴァーベックに帰される。オーヴァーベックは、あらゆる歴史研究が必然的に直面しなければならない次元のことを、〈先史〉(*Urgeschichte*)と呼ぶ。教会の歴史においてだけではない。ただ先史と歴史との本質的な差異にもとづいてのみ、いったいなぜ先史がこのような特別な考察に値するのかを説明できる。実際、先史はどの歴史よりも決定的に重要な歴史である。これは絶対的な仕方でそうであって、教会の歴史においてだけではない。成立史［*Entstehungsgeschichte*］は、全生物の歴史において、また一般的に生において、比類ないものである。（Overbeck, 53）

このことが意味するのは、オーヴァーベックによれば、あらゆる歴史現象が必然的に〈先史〉と〈歴史〉（*Geschichte*）に分かたれるということである。両者は結びついてはいるが、同質でなく、異なる方法論と方策を必要とする。先史は、単純に年代的により古いものと一致するわけではない。

先史の根本的特徴とは、成立史［*Entstehungsgeschichte*］だということであり、その名称が想定させうるようなきわめて古い［*uralt*］ものだということではない。それどころか、先史はきわめて新しいものでもありうる。新しいか古いかという事実は、いかなる場合であれ、先史に根源的な仕方で帰属している性質ではない。古いか新しいかという性質は、先史においてはほとんど知覚されない。時間との関係が、一般に歴史にほとんど帰属していないのと同じように。あるいはむしろ、歴史に帰属している時間との関係は、ただ観察者の主観性によってのみ付与される。歴史一般のように、先史もまた時間のなかの個別の時点に結びついてはいないのである。（*ibid.*, 57）

一見したところでは、先史の異質性は客観的な基礎をもつ。というのも、「歴史がはじまるのはただモニュメントが理解できるようになり、信頼できる文献史料が入手できるところでのみであり、その背後に、此方に、先史が横たわっている」(*ibid.*, 53)からだ。けれども、実のところ重要なのは、客観的なデータではなく、歴史研究そのものにまといついている構成上の異質性である。この異質性は、そのつど、言うなれば特殊な過去の此方に見いだされる。そのためにすぐさま、いかなる疑いの余地もなしにこう明言されるのだ。すなわち、「先史もまた過去に関わってはいるが、特殊な意味での過去であって、そこではあらゆる伝統を覆っているヴェールが、突き破れないほどに厚くなっている」(*ibid.*)。オーヴァーベックは『教父文学の起こりについて』(一八八二年)という研究のなかですでに、このような意味で〈キリスト教原文学〉(*christliche Urliteratur*)を、〈原キリスト教文学〉(*urchristliche Literatur*)から区別している。そして遺稿で詳らかにされるところでは、「〈原文学〉(*Urliteratur*)の過去は、たんなる過去ではなく、加重された過去、ないし二乗された過去——過去以上のもの[*Mehr-als-Vergangenheit*]ないし超過去[*Überergangenheit*]——である。そこには、まったくないしほとんど過去はない」(*ibid.*, 55)という。

実際には、歴史と先史は起源において一つだが、ある点で決定的に分離する。

あらゆる有機体の歴史において、有機体を世界から分け隔てている境界がそれ以上動かしえなくなる瞬間がおとずれる。この瞬間に、先史ないし成立史［*Entstehungsgeschichte*］が歴史から分離する。こうして生じるのが、この瞬間と死との類似性であり、一般的な意味でのすべての歴史がたやすく衰退史［*Verfallsgeschichte*］の見かけを纏うにいたるということである。歴史的観察はおわったものごとしか取り上げないのだから、歴史は当然ながらもはや衰退史として以外にはありえない。歴史は、先史が生み出した諸要素間の紐帯をあらためて解いてしまうのである。［……］それゆえ、歴史的効力と生をもつものにおいて先史時代と歴史時代とが区別されるべきだとすれば、先史こそがその歴史的効力の基礎を打ち立てているはずである。（*ibid.*, 53）

たんに先史と歴史は区別され、また繋ぎ合わされるだけではない。まさに現象の歴史的効力が、この区別に結びついているのだ。

わたしたちが歴史にあっては分離しているものとして考えがちな諸要素は、実のところ先史時代では無媒介的に一致しており、生きた統一においてのみあらわれる。一冊の書物の場合を取り上げてみよう。先史時代にあってこの書物は、それ自体と作者とをみずからのうちに包み込んだ統一としてはたらく。［……］このとき、真剣に書物を受けとめることが意味するのは、書物のそとでは作者についてなにも知らないということである。書物の歴史的効力は、この統一にもとづいている。けれども、この統一は効力を実現していくあいだに溶解してしまい、ついには書物はただひとりで生き、作者が書物のなかで生きることはなくなる。これが文学史の時間である。文学史の根本動機は、いまやひとり生に取り残された書物の、その作者について考察することである。［……］この段階では、書物は、［……］作者から分離してはたらくことより、最終的にはあらゆる効力が消尽するところまで向かう過程を引き継ぐのである。

(*ibid.*, 54)

4

歴史を研究する者はだれであれ、遅かれ早かれ、みずからの探究にもともとそなわっているこの構成上の異質性に取り組まざるをえない。そして、だれもがそれを、特別な予備作業が必要な伝統の批判および原典の批判のかたちでおこなう。批判が向けられるのは、たんに過去の特別な古さだけにではない。なによりもまず、過去が伝統へと構成されていったその仕方にである。教父学の原典に長年取り組んだオーヴァーベックは、このことを完全に意識していた。

伝統のない歴史はない——けれどもその意味で、あらゆる歴史が伝統をともなっているならば、このことが意味するのは［……］伝統と呼ばれるものがつねに同一のままに留まっているということではない。［……］歴史を書く者は、論証に入るまえに、飽くことなき予備作業を経なければならない。これこそ伝統の批判である。歴史記述はこうした批判を前提とし、この批判の自律性の要求は正当化される。そのかぎりで、あらゆる時代の背後にまで伝統を遡る必要性が打ち立てられる。それゆえ、ほかあらゆる時代の伝統に先立って先史の伝統が記述されるのではないかと問うことは正しいのだ。(*ibid.*, 52)

伝統批判と原典批判が関わっているのは、メタ歴史的なはじまりではなく、歴史研究の構造それ自体なのである。この意味でこそ、マルティン・ハイデガーが「伝統の破壊」に割いた『存在と時間』の第六節を読みなおす必要がある。そこにはオーヴァーベックの反響が聞き取れるだろう。このとき精錬される「歴史」(*Historie*) と「歴史性」(*Geschichtlichkeit*) の名高い区別は、まったく形而上学的なものではなく、ましてや単純に主体と客体の対置を含意しているのでもない。この区別が理解できるようになるのは、それをコンテクストに置きなおすときである。そのコンテクストとは、まさしく伝統と原典批判との区別である。

> 支配的な伝統は、みずからが「伝承」する当のものに近づきやすくするどころか、むしろたいていは覆い隠す。伝統は、伝承を自明さへと引き渡し、根源的な「原典」［*Quellen*］への接近を妨げてしまう。伝承されたカテゴリーや概念は、少なくとも部分的には、真正な仕方でこの「原典」から汲み出された。伝統はそうした由来［*Herkunft*］を一般に忘れさせるのだ。結果として伝統は、立ち帰る必要性を理解することさえも無駄と見なさせてしまう。（Heidegger, 21）

「伝統の破壊」は、まさしくこの伝統の硬直化に対峙し、原典への再接近たる「過去への立ち返り」（*Rückgang zur Vergangenheit* : *ibid.*）を可能にしなければならない。オーヴァーベックが「正典化」と呼んだのは、伝統が原典への接近を妨げてしまう仕組みのことである（Overbeck, 56）。それはとりわけ起源のキリスト教文学に当てはまる。当然、原典への接近を妨げ統制する仕方は、ほかにもある。そのうちの一つが、近代文化にあっても、ある知をよぎっている。そうした知は、テクストの編纂を規定し規制することで、まさに原典への接近を特殊な伝統に、すなわち写本の伝統の学に変えてしまうのである。文献学は、この伝統にたいして必要で有益な批判をおこなうとしても、原典という性格を付与した当の批判校訂テクストに、〈事実そのもの〉(*ipso facto*)を返してやることはできず、成立点として構成することもできない。また、原型を超えて、自筆稿にまで遡ることができる場合でも、テクストの原典としての性格への接近、つまり先史への接近は、さらなる操作を必要とする。事実、成立点として理解された原典は、写本の伝統の史料とは一致しない。たとえこの伝統を直に分析することなしに原典にアクセスすることは、明らかに可能でないにしてもである。とはいえ、その逆は真ではない。つまり、成立点としての原典に接近することなしに写本の伝統に接近できるのである(それどころか、現行の文献学の実践に通じている者なら知っていることだが、これは規則ですらある。その一方で、写本の伝統から〈先史〉(*Urgeschichte*)にまで遡る――これは伝統の認識を一新する可能性を孕んでいる――ことは例外的である)。

とはいえ、伝統批判と正典批判という問題に取り組む研究者は、いったいなににまで立ち返るのだろうか。問題が純粋に文献学的なものでないことは明白である。というのも、ただ必要な文献学的予備作業もまた、〈先史〉と〈歴史〉に関わるとき、複雑化するからだ。伝統を超えて、新たな仕方で原典に接近することは、原典に接近する歴史的主体それ自体を問いなおすことなしには不可能である。よって、問題となるのは、研究の認識論パラダイムそれ自体なのである。

あらゆる歴史探究において、起源にではなく、現象の成立点に取り組み、したがって新しい仕方で原典と伝統を扱う実践を、暫定的ながら「考古学」と呼べるだろう。この実践は、パラダイム、テクニック、実践といったものを脱構築することなしには、伝統と競い合うことができない。伝統は、パラダイム、テクニック、実践といったものを通して、伝承のかたちを規制し、原典への接近を条件づけ、最終的にはまさに認識主体のステータスを決定しているのである。つまり成立点は、ここでは同時に客観的でも主観的でもあり、さらに言えば客体と主体とが区別しえない閾に位置している。この閾は、事実を出現させると同時にかならず認識主体をも出現させる。起源についての操作は、同時に、主体についての操作でもあるのだ。

5

わたしたちに馴染みの歴史的分裂を遡って、統一的な先史的(あるいは、いずれにせよいっそう起源的)段階を想定するそのたびごとに、遵守すべき重要な予備作業がある。たとえば、宗教の領域と世俗の法の領域との分割を取り上げてみよう。両者を区別する性格は——少なくともある程度——決定的なものに見える。けれどもこれらの領域のいずれかでいっそうアルカイックな段階に遡ったとすれば、しばしばその領域を超えて、いまだ聖なる領域と俗なる領域とが区別されていない先行段階が想定されることになる。この意味で、最古のギリシア法を研究したルイ・ジェルネは、法と宗教が区別されていなかった起源の段階を「先法」(*pré-droit*)と呼んだのである。同様の仕方でパオロ・プローディは、宣誓の政治史に関する研究のなかで、「原初的な渾然」〔indistinto primordiale〕(Prodi, 24)なるものを提起している。「原初的な渾然」においては、いまだ宗教と政治との分裂プロセスがはじまってはいない。これらの場合に肝要なのは、まさしく分裂の結果たる宗教の領域と世俗の領域とを定義する既知の性格を、想定される「原初的な渾然」のうえに単純に投影してしまうことのない、鋭敏さをもつことである。化学合成が構成要素の総和に還元できない特殊な性質をもつのと同様、歴史的分割よりまえにあるものは、かならずしもその断絶を定義している特徴の総和ではない。先法は(そのような仮説に意味があるとして)単純に最古の法ではありえない。それはちょうど、わたしたちが歴史的に知るかぎりで、宗教よりまえにあったものが単純によりプリミティヴな宗教でないのと同じことである。それどころか、「宗教」や「法」といった用語そのものを避け、xなるものを想定することを試みるのがいいだろう。そのxを定義するためには、ある種の考古学的エポケーを実践しながら、可能なかぎりの予備作業を提案しなければならないだろう。このエポケーが――少なくとも暫定的に――宙吊りにするのは、わたしたちが宗教と法に結びつけがちな述語をこのxに帰属させることである。この意味でもまた、先史は歴史と同質ではなく、成立点もそこから生じたものと同一ではない。

6

一九七三年にジョルジュ・デュメジルは、『神話と叙事詩』第三巻の序論で、当時成功を収めつつあった構造主義に論争を挑みながら、みずからの研究方法を定義しようと試み、その方法をきっぱりと「歴史的」と形容した。

わたしは構造主義者ではないし、またそうである動機も、そうでない動機ももたない。わたしの努力は哲学者のものではなく、歴史家のものたることを望んでいる。到達が合理的に追求されうるような最古の歴史と超歴史のフリンジの［*de la plus vieille histoire et de la frange d'ultra-histoire*］歴史家のものたることを望んでいるのだ。つまり、わたしの努力は、発生論的に類縁性があると知られている諸領域の一次データを観察し、ついで一次データのいくらかを比較して、共通の祖型たる二次データに遡るということに限

> 定されているのである。(Dumézil, III, 14)

この方法は、デュメジルも認めるのにやぶさかでないように、インド゠ヨーロッパ語の比較文法から派生している。

> ときに「デュメジル理論」と呼ばれているものは、徹頭徹尾、二つのものから成り立っている。すなわち、インド゠ヨーロッパ語族がある時点で現実存在したというのを喚起すること、そして、言語学者たちのあとを辿り、少なくとも部分的にはインド゠ヨーロッパ語族の相続人たる諸民族の最古の伝統の数々の比較によって、そのイデオロギーの大筋を垣間見ることができるにちがいないと考えること、である。(*ibid.*, 14-15)

したがって、ここでこの歴史家が到達しようとしている「超歴史のフリンジ」の有効性は、インド゠ヨーロッパ語とそれを話した人々の現実存在に固く結びついている。この有効性は、インド゠ヨーロッパ語の形態(たとえば **deiwos*〔神〕や **med-*〔尺度〕のように、言語学者たちが慣習的に最初にアステリスク〔*〕をつけて、歴史上の言語によって立証される言葉から区別している形態)が現実存在しているのと同じ意味で、同じ仕方で、現実存在している。しかしながら厳密には、こうした形態のいずれも、歴史上の言語に現実存在している形態間の対応の体系を表現するアルゴリズムでしかない。わたしたちがインド＝ヨーロッパ語と呼ぶものは、アントワーヌ・メイエの言葉では、「ある時代χに、ある場所χで、ある人間たちχによって話されていたある言語χを想定させる［……］対応の体系の総体」にすぎず、このときχが意味するのは、端的に「未知のもの」ということなのである（Meillet, 324）。みずからの起源の史料を生み出す歴史研究という〈怪物〉（*monstrum*）を正統化しようと欲するのでないかぎり、歴史的に起こったと想定される出来事をインド＝ヨーロッパ語から推定することは、けっしてできないだろう。だからこそ、デュメジルの方法が十九世紀末の比較神話学にくらべて意義深い進展をみたのは、一九五〇年頃に彼が次のことを認識したそのときだったのである。すなわち、三機能のイデオロギー（司祭、戦士、牧人、あるいは近代的な用語では、宗教、戦争、経済）は、「かならずしもある社会の生において、インド（の三つのカースト）をモデルに、この社会が現実に三分割されていることをあらわしているわけではな」く、むしろまさしくある「イデオロギー」を、つまり「世界の成り行きと人々の生活とを規制する諸々の力を分析し解釈するための理念にして手段」を表象していた、ということである（Dumézil, I, 15）。

考古学が到達しようとする「最古の歴史」「超歴史のフリンジ」は、年代のなか、遠過去には定位できないし、それを超えた無時間的なメタ歴史的構造（たとえば、デュメジルが皮肉っているようなヒトの神経系）にも定位できないだろう。「最古の歴史」「超歴史のフリンジ」は、インド＝ヨーロッパ語のように、歴史上の言語のなかで現前し作用している傾向性を表象している。この傾向性が、時間のなかで歴史上の言語が展開していくのを条件づけ、また理解できるようにしているのである。「最古の歴史」「超歴史のフリンジ」はアルケーである。しかしこのアルケーは、ニーチェやフーコーにおけるように、過去のなかに通時的に追いやられることはなく、むしろ体系の共時的理解と一貫性を保証している。

7

「考古学」という用語はフーコーの研究に結びついている。この語はすでに『言葉と物』のはしがきに、控えめに――だが決定的に――登場している。そこで呈示された「考古学」は、「伝統的な意味での」歴史とは異なって、パラダイム的であると同時に超越論的でもある次元の研究、知と認識の可能性の条件が見いだされる「歴史的ア・プリオリ」なるものの研究である。このパラダイム的でも超越論的でもある次元とはエピステーメーであり、「合理的価値や客観的形式に準拠するあらゆる基準のそとで考えられた認識が、その実定性を根づかせている認識論的な場であり、認識がいっそう完全になっていく歴史ではなく、むしろその可能性の条件の歴史を露わにする認識論的な場」(Foucault 1966, 13)である。フーコーが詳らかにしているように、問題になっているのは、観念史や科学史というよりも、むしろ言説形成、知、実践の歴史を逆向きに遡る研究である。そして、この研究が見極めようとするのは、次のことである。

なにによって認識と理論が可能になったのか。いかなる秩序の空間にしたがって知は構成されたのか。いかなる歴史的ア・プリオリにもとづいて、いかなる実定性のコンテクストにおいて、観念は登場することができたのか、科学は構成されえたのか、経験は哲学のうちで反省されえたのか、合理性は形成され、そしておそらく融解し消滅しえたのか。(*ibid.*)

「歴史的ア・プリオリ」という撞着語法にしばし立ち止まってみよう。この撞着語法が強調しているのは、一九七一年の論文「ニーチェ、系譜学、歴史」におけるのと同様、メタ歴史的な起源、つまり知を基礎づけ決定する一種の起源的贈与が問題ではないということである。三年後に『知の考古学』で詳らかにされたように、エピステーメーとは、それ自体歴史的実践であり、「言説の規則性のレヴェルで分析をおこなうとき、ある任意の時代の諸科学同士のあいだに発見されうる」(Foucault 1969, 250) 関係の総体である。認識の可能性を条件づけるア・プリオリとは、ある特別なレヴェルで捉えられた認識の歴史そのものなのである。その特別なレヴェルとは、端的な現実存在という存在論的なレヴェルであり、任意の時点に特定の仕方でそれらが生じたという「生のままの事実」である。あるいは、ニーチェについての論文の言い回しをもちいるなら、「成立点」（オーヴァーベックの言葉では「先史」）である。けれども、いったいいかにしてア・プリオリは歴史的に生み出されて現実存在できるのだろうか。そしていったいどのような仕方で、そうしたア・プリオリにアプローチできるのだろうか。

「歴史的ア・プリオリ」という観念が、カントの哲学的考古学よりもマルセル・モースに由来しているというのは、充分にありうることだ。「呪術の一般理論の素描」（一九〇二～〇三年）でモースは、〈マナ〉(*mana*)の概念についてこう書いている。すなわち、〈マナ〉とは「呪術の実験の条件それ自体」であり、「ア・プリオリとして、あらゆる経験の前提として与えられる。実を言えば、共感や神霊や呪術的特質のような呪術の表象は重要ではない。〈マナ〉とは呪術の表象を統制するものであり、その条件であり、その必要形式である。つまり、呪術の観念を可能にするカテゴリーとして、また人間の観念を可能にする諸カテゴリーとして、はたらくのである」(Mauss, 111)。モースはこの歴史的超越論を、意味深い展開によって、「知性の無意識的カテゴリー」(*ibid.*)と定義している。そうして、このような認識が必要とする認識論モデルが、意識的な歴史的知の認識論モデルと同質ではまったくありえないことを暗に示唆している。しかし、フーコーと同様にモースにとっても、ア・プリオリは歴史経験を条件づけるにせよ、それ自体もまた歴史的に決定された布置に刻み込まれていることは明白である。つまり歴史的ア・プリオリは、ア・プリオリな条件が、その条件にたいしてア・ポステリオリにしか構成されえないはずの歴史に刻み込まれているという、パラドクスを明らかにする。研究は——フーコーの場合なら考古学は——歴史のなかにア・プリオリな条件を見いださねばならないのである。

8

フーコーは、歴史的ア・プリオリという考えが孕んでいるように見える特別な時間構造について、考察することはなかった。しかしこのとき問題になる過去は、オーヴァーベックの先史やデュメジルの「超歴史のフリンジ」のように、特殊なタイプの過去である。それは、起源のように現在に年代的に先立っているわけではなく、またたんに外的だというわけでもない（その意味で、オーヴァーベックの言葉をもちいるなら、「まったくないしほとんど過去を」含んでいない）。アンリ・ベルクソンがデジャ・ヴュについての論文で提起したテーゼによれば、思い出は知覚のあとにつづくのではなく、むしろ同時にあり、したがって意識の注意が緩むやいなや「偽りの再認」が生じうるという。この「偽りの再認」を、ベルクソンは、見かけのうえではパラドクシカルな表現でもって、「現在の思い出」と定義している。このような思い出は、ベルクソンが書くには、「形式としては過去に、素材としては現在に属している」(Bergson, 137)。さらにベルクソンによれば、知覚が顕在的なものに対応し、思い出のイメージが潜在的なものに対応しているとするなら、そのとき潜在的なものは必然的に実在的なものと同時にあることになるという。

これと同じ意味で、考古学が到達しようと努める歴史的ア・プリオリにおいて問題となる可能性の条件は、たんに現在や実在と同時にあるだけでなく、それらに内在しており、内在しつづける。そうしたア・プリオリを追究する考古学者は、特異な身振りによって、言うなれば、現在へと後退していく。それはあたかも、考古学ないし成立点の観点からすれば、あらゆる歴史現象が、その先と後、先史と歴史、原典の歴史と歴史的伝統とを分離する断層にそって分裂するかのようである。この分裂した両者は、成立点ではいっとき一致しているかぎりで、実のところ同時にある。ヴァルター・ベンヤミンがオーヴァーベックの衣鉢を継いで、歴史的対象のモナドロジー的構造は「先史」と「後史」(*Vor-und Nachgeschichte*)を含んでいると書いたとき、また「歴史的アポカタスタシス」にあっては過去全体が現在のなかに置かれなければならないと示唆したとき(Benjamin 1982, 573)、その念頭にあったのはこうしたたぐいのことだったにちがいない(アポカタスタシスとは、起源への復帰である。オリゲネスによれば、この復帰は時間のおわりに起こるという。ベンヤミンは、終末論的現実を「歴史的」と形容することで、フーコーの「歴史的ア・プリオリ」にかなり近いイメージをもちいている)。

9

フーコーにおける考古学の哲学的重要性をいちはやく把握して、その構造を掘り下げ、詳らかにしようと試みたのは、エンツォ・メランドリの功績である。メランドリが指摘するには、ある文化の基底のコードとマトリクスを説明しようとするなら、ふつうは、上位の秩序に属する別のコードに訴え、そのコードに神秘的とも言うべき説明の力を割り当てる(これが起源のモデルである)。だが、フーコーによって「考古学研究は、反対に、手続きを逆転させること、あるいはより正確には、現象の説明をその記述に内在させることを企てる」(Melandri 1967, 78)。このことが含意しているのは、メタ言語をきっぱりと拒絶することであり、「同時に具体的でも超越論的でもあり、ある内容に形式、規則、規範を与えるはたらきをするパラダイム的なマトリクス」(*ibid.*, 96) に訴えることである(これが「歴史的ア・プリオリ」のモデルである)。メランドリはまさにこの内在的なマトリクスの分析を試み、フロイト的な意識と無意識の対立に関連づけた。すでにポール・リクールが、ジクムント・フロイトの思想における過去とアルカイックなものの優位性に関して、「主体の考古学」のことを語っていた。フロイトの分析が示すのは、意識の二次過程がつねに欲望と無意識の一次過程にたいして遅れていることである。夢が追求する欲望の実現は、必然的に退行的なものだ。というのも欲望の実現は、幼年期の光景の「壊れることなき欲望」に準拠しており、その代理をするからだ。そのことについて、リクールはこう書いている。

夢が証拠となりモデルとなっている退行は、人間の無力さを証言している。抑圧という不充分なかたちでしか、この代理物を決定的に全面的にはたらかせることができないからだ。抑圧とは、つねに幼年期のもの、破壊しえないものに左右され遅れるべく強いられている心理の通常の体制である。(Ricœur, 431)

こうした厳密な意味での考古学のかたわらには、リクールによれば、フロイトのメタ心理学著作における「一般化された考古学」がある。これは文化の精神分析的解釈に関するものだという。

フロイト思想の真髄は、快原理の戦略、人間のアルカイックなかたちを、その合理化、理想化、昇華のもとに暴き出したことにある。分析の機能とは、見かけ上の新しさを、古いものの再生に還元することである。代理物による充足、失われたアルカイックな対象の修復、最初の幻想の新芽——これらの名称はいずれも、新しきものの特徴のもとに古きものの修復を指し示している。(Ricœur, 432)

メランドリによる考古学の捉え方は、これとまったく異なっている。フロイトにとってと同じく、出発点はニーチェに、とりわけ『反時代的考察』の第二篇「生にたいする歴史の利害について」における「批判的歴史」の概念にある。つまり、過去を批判し破壊して、生を可能にする、そうした歴史である。メランドリはこの概念を一般化し、並外れた〈離れ業〉(*tour de force*)でもってフロイトの抑圧概念に結びつける。

それ(批判的歴史)は、取り組むべき出来事の現実の系譜を逆向きに辿りなおさなければならない。歴史記述(*historia rerum gestarum*)と実際の歴史(*res gestae*)とのあいだに打ち立てられてしまった分割は、フロイトによれば意識と無意識とのあいだにつねに存在しつづけているという区別に、ひじょうによく似ている。そのために批判的歴史は、歴史的「抑圧」として理解される無意識の恢復を目指すという、治療のはたらきをもっている。リクールとフーコーは、すでに述べたように、この手続きを「考古学」と呼んでいる。この手続きは、問題になっている現象の、意識と無意識の二つの頂をもつ山に到達するまで、系譜を遡る。この点に到達することに成功したときのみ、病理的症候群はその本当の意味を露わにするのだ。したがって問題になっているのは一つの退行〔regressione〕である。とはいえ、無意識そのものへの退行ではなく、それを無意識に追いやったもの――抑圧の力動的な意味で――への退行である。(Melandri 2004, 65-66)

考古学と退行との結びつきはすでにリクールにもあったとしても、メランドリはこのきわめて濃密な一節において、その符号をドラスティックに反転させている。起源の幼年期の光景を超え出ることができないという、退行の悲観的な見方は、ここで、意識と無意識に分裂した山へと退行的に遡ることができるという、考古学のほとんど救済的な見方に席を譲っている。とはいえ、この特異な「考古学的退行」〔regressione archeologica〕は、いったいどう理解すればいいのだろうか。「考古学的退行」は、過去のなかで無意識と忘却に到達しようとするのではなくて、意識と無意識、歴史記述と歴史(またさらに一般的に、わたしたちの文化の論理を規定しているあらゆる二項対立)の二元論が生み出された点に遡ろうと試みる。たんに、通俗的な精神分析モデルによるように、抑圧され、症状のかたちで戻ってきているものを意識にもたらすことが問題なのではない。ましてや、下層階級の歴史のパラダイムとして広まっているような、除外者と敗者の歴史を書くことが問題なのでもない。そうした歴史は勝者の歴史と完全に同質であって、辟易させるものである。メランドリがいくども明示しているように、逆に考古学はまさしく退行として理解されなければならない。そうであるかぎり、考古学は合理化の反対である。

考古学にとって本質的なのは退行の概念である。さらに言えば、退行的操作は合理化と正反対のものである。合理化と退行は、微分と積分のように、逆の操作なのである。〔……〕この点では、万人に知られているがいまだほとんど理解されていないニーチェの表現をもちいて（わたしたちの言っていることが本当だとしても、残念ながら、この表現がけっして完全には理解できないことも本当である）、考古学は「ディオニュソス的」退行を必要とすると言えるだろう。ヴァレリーが指摘したように、〈わたしたちは未来へとあとずさりしながら入っていく〉（*nous entrons dans l'avenir à reculons*）。〔……〕過去を理解するには、わたしたちは同様に〈あとずさりしながら〉（*à reculons*）これを読みなおさなければならない。（*ibid.*, 67）

10

目的地に背を向けながら時間のなかを進むというイメージは、よく知られているように、ベンヤミンにも見いだされる。ポール・ヴァレリーからの引用は、ベンヤミンにも馴染みのものだったにちがいない。「歴史の概念について」の第九テーゼでは、進歩の嵐に翼を絡めとられた歴史の天使が、未来へと〈あとずさりしながら〉(*à reculons*) 進んでいく。メランドリの「ディオニュソス的」退行は、ベンヤミンの天使の反転した相補的イメージである。ベンヤミンの天使が過去に眼差しを固定しながら未来へと進んでいくとすれば、メランドリの天使は未来を眼差しながら過去へと退行していく。どちらも、見ることも知ることもできないものへと進んでいく。これら歴史の進歩の二つのイメージの不可視の目的地とは、現在である。現在は、天使たちの眼差しが交差しあう点にあらわれる。このとき、過去に到達した未来と未来に到達した過去とがひととき一致する。

わたしたちの条件を規定している意識と無意識、歴史記述と歴史との分裂が生み出された点へと考古学的退行が到達したとき、実際にはなにが起こるのだろうか。いまや明白になっているにちがいないが、わたしたちが分裂以前を表象する仕方は、分裂それ自体によって定められている。実際、そのような「以前」を想像することが意味しているのは、分裂にもともと含まれている論理にしたがって、分裂に起源的な条件を想定し、その条件がある時点で分割されたと考えることだ。この場合それは、二元論の此方や彼方を幸福な状態として、つまり、抑圧を免れ、完全に自覚し自制できている黄金時代のようなものとして表象しようとする傾向のなかにあらわれている。あるいはフロイトやリクールにおいては、幼年期の光景の無限の反復、欲望の幻想の壊れることなき出現として表象される。しかしながら、分裂の此方ないし彼方では、つまり分裂の表象を定めるカテゴリーの消滅にあっては、逆に、眼も眩む不意の成立点の出現、わたしたちが体験することも思考することもできなかったものとしての現在の啓示しかない。

11

構成上経験不可能なものとして現在が生じうるという観念は、トラウマと抑圧に関するフロイトの考えに結びついている。この観念によれば、現在の経験——鉄道の衝突、幼年期の光景（一般にセクシュアリティに関わっている）、欲動——は、そのトラウマ的な性格のために、あるいはいずれにせよ意識にとって受け入れがたいがために、無意識へと抑圧される。そうしてこの経験は潜伏期に入る。その期間、この経験はいわば起こらなかったかのように見える。だがまたその期間、抑圧されたものの回帰を証言する神経症や夢内

容が主体にあらわれる。したがって、

子供たちが二歳のときに体験して理解しなかったものは、夢のなか以外ではけっして思い出されない［……］が、後年になってからあるとき、強迫的衝動性をともなって人生に侵入してきて、行動を支配し、共感と反感を決定し、往々にして愛情選択の原因となってしまう。（Freud 1939, 223）

ただ精神分析のみが、症状と強迫的な行動を超えて、抑圧された出来事にまで遡ることを可能にするだろう。

フロイトはこの図式を、『モーセという男と一神教』でヘブライ人の歴史に応用した。モーセから法が課されたあと、長らくこのモーセの宗教が潜伏期に入った時期がつづき、その後にわたしたちに馴染みのユダヤ一神教のかたちでふたたびあらわれたというのである。フロイトはこうした視座で、「わたしたちが「無意識」として分類する」ような「思い出の特別な状態」と歴史的伝統とのあいだに、並行性を打ち立てる。フロイトが書くには、「わたしたちはここで、ある民族の心的生における伝統に帰属させうるような状態とのアナロジーが、見いだされることを期待している」（*ibid.*, 223–224）。つまり伝統は、〈伝承されたもの〉（*traditum*）に関して潜伏期として機能するのだ。そこにはトラウマ的な出来事が保存されていると同時に〈伝承すること〉(*tradere*) と裏切ること〔tradire〕とを一つに結びつける語源学にしたがうなら）抑圧されている。

キャシー・カルースが『持ち主なき出来事』のなかで示唆しているところでは、潜伏とはなんらかの仕方で歴史経験を構成するものである。そして、まさに忘却を通してのみ、トラウマ的な出来事は保存され、かつ作用するという。

> トラウマの経験、潜伏の事実とは、それゆえ、現実を忘却してしまって充分に理解できないことではなく、経験それ自体に内在する潜伏のことであるように思える。トラウマの歴史的な力は、経験が忘却のあとも反復されることにあるのではなく、経験に内在している忘却を通してのみ、経験されうるという事実にある。〔……〕歴史がトラウマの歴史だということが意味しているのは、歴史は起こっているときに充分に知覚されていないという、まさにそのかぎりにおいて意義をもつということだ。別の言い方をすれば、歴史が理解されうるのはただその生起に接近しえないことにおいてのみなのである。(Caruth, 17-18)

こうした考えをこの著者は説明しないままに残したが、ここで考古学と関わらせて発展させることを試みよう。こうした考えがまず含意しているのは、ベルクソンにおけるような思い出だけでなく、忘却もまた知覚および現在と同時にあるということだ。わたしたちがなにかを知覚するとき、同時にそれを思い出しながら忘れ去っている。この意味で、あらゆる現在は体験されなかった部分を含んでいる。それどころかあらゆる現在は、極論するなら、あらゆる生において体験されないままのものであり、トラウマ的性格ないし過剰な近しさのために、あらゆる経験において作用しないままに留まるものである（あるいは、お望みとあらばハイデガー的な存在史の用語で語るとして、忘却のかたちで伝統と歴史のうちに運命づけられているものなのである）。このことが意味しているのは、体験されたものだけでなく、むしろとりわけ体験されなかったものこそ、心的人格と歴史的伝統の骨組みにかたちと根拠を与え、その連続性と根拠を保証するということである。そしてこのことは、意識（個人であれ集団であれ）の閾をたえまなく圧迫する幻想の、欲望の、強迫的欲動のかたちでなされる。ニーチェの格言をパラフレーズすれば、なにかを体験しなかった者（個人であろうと民族であろうと）はつねに同じ経験をするのだと言えるだろう。

12

考古学的退行と精神分析とのアナロジーは、いまやいっそう明白になった。いずれの場合でも問題は、体験されなかった過去に接近すること、専門的には「過去」としては定義されず、むしろある意味で現在に留まっている過去に接近することである。この非過去は、フロイトの図式では、それがあったということを神経症の症状を通して表明している。精神分析はこの症状をアリアドネの糸にして、起源の出来事にまで遡る。系譜学研究にあっては、伝統に覆い隠され抑圧された過去への接近は、起源の研究を成立点への注意に取りかえるという忍耐の必要な仕事によってのみ、可能になった。しかし、いかにして体験されなかったものに再接近し、ある意味で主体にとって本当にはまだ起こっていない出来事に立ち戻ることができるのだろうか。考古学的退行は、意識と無意識の分水嶺の此方に遡る。そうして、思い出と忘却、体験されたものと体験されなかったものとが同時に交通しあいながら分離している断層線にまで辿りつく。

けれども重要なのは、夢で生じるような幼年期の光景の「壊れることなき欲望」でもなければ、『快原理の彼岸』の悲観的な見方におけるような起源のトラウマを無限に反復することでもない。ましてや、成功した精神分析の治療におけるような、抑圧されていた無意識の内容を意識にもたらすことでもない。むしろ問題は、系譜学研究による細部への配慮を通して、幻想を呼び覚まし、同時に幻想をはたらかせ、脱構築し、詳らかにし、ついには徐々に浸食していって、その起源の地位を失わせることである。つまり、考古学的退行とは回避的なのである。考古学的退行は、フロイトにおけるように先行状態の復元を狙うのではない。むしろ、その状態を解体し、遷移させ、最終的には迂回して、その内容にではなく、分裂の様相、状況、契機にまで遡ることを目指す。分裂は、そうした様相、状況、契機を遷移させ、起源として構成していたのである。その意味で、考古学的退行は永遠回帰の正反対である。つまり、過去を反復することでかつてあったものに同意しようとしたり、「そうだった」を「そうであることをわたしが欲した」に変えたりしようとはしない。逆に、過去をあるがままにし、解放して、その此方ないし彼方で、かつてなかったもの、かつて欲しなかったものに接近しようと望むのである。

ただこの点でのみ、体験されなかった過去は、かつてあったものにたいして啓示される。体験されなかった過去は、現在と同時にあり、それによってはじめて接近可能になり、「源泉」〔fonte〕としてあらわれる。したがって、同時性、本来の意味での現在との共存は、体験されなかったものの経験と忘却の思い出を含んでいるかぎりで、稀にして困難である。そのために、思い出と忘却の此方に遡る考古学は、現在に接近する唯一の方途なのである。

13

考古学の身振りと戦略について、フーコーがもっとも正確に記述した——ないし呈示した――テクストは、おそらく最初に出版された彼の著作だろう。すなわち、ルートヴィヒ・ビンスヴァンガーの『夢と実存』に寄せた長大な序文（一九五四年）である。もちろん考古学という語それ自体は不在であるにせよ、このとき夢と想像力に帰属される「自由の運動」は、意味および対象を考古学と共有している。冒頭から、起源的な欲望の代理充足としての夢というフロイトのテーゼがきっぱりと否定される。夢が夢であって満たされた欲望でないのは、夢が「欲望それ自体に対立するあらゆる「逆の欲望」をも成就するからだ。夢の火は、性的欲望の燃え上がる充足ではある。しかし、欲望に火という微細物質のかたちを取らせているのは、まさしくその欲望を拒否し、たえず消し去ろうとするすべてのものなのである」（Foucault 1994, I, 97）。ここから、フロイト的分析の不充分さが引き出される。フロイト的分析では、夢の言葉はただ「意味論的機能」のみに還元され、「その形態論的・統辞論的構造」が、つまりイメージにおいて分節化がなされていることが、脇に置かれてしまう。そのため、表現の本来的にイメージ的な次元の分析がまったくなおざりにされているかぎりで、「精神分析はけっしてイメージに語らせることに成功しなかった」（*ibid.*, 101）。

夢の運動はけっして起源の光景やトラウマの修復に尽きることはない。というのも、夢の運動は、まさに起源の光景やトラウマの彼方へと遡り、「自由の最初の運動」にまでふたたび到達して、ついには「実存それ自体の軌跡」と一致するからだ。夢のなかでこの軌跡を辿ることが主体にとって意味しているのは、みずからを根本的に問いなおすこと、なによりもまずみずからの「非現実化」へとその身を曝すことである。

一年の不在ののちにピエールのことを想像するというのは、非現実性という様態においてピエールをわたしに告知することではなく［……］まずわたし自身を非現実化すること、もはやピエールに出会うことのできないこの世界から、わたし自身が離れることである。それは、わたしが「もう一つ別の世界に逃避する」ことを意味しないし、あるいはまた現実世界の可能性の余地のなかをわたしが彷徨うことを意味するのでさえない。そうではなく、わたしの現前する世界の道筋を遡るのだ。そのとき、ピエールが除外されている必然性の輪郭はぼやけ、この世界への現前としてのわたしの現前は消え去ることになる。（*ibid.*, 139）

夢は、アルカイックな先行状態、幻想、ファミリーロマンスといったものを復元するところか、あらゆる現実世界を破壊し粉砕することからはじめて、なによりも自己自身をこの破壊のなかに引きずり込む。夢が時間のなかを遡るのは、夢に対応する主観的宇宙や客観的宇宙を飛び越して、「世界がまだそれ自身の実存と一致する時点での、その最初の炸裂の黎明にある世界」（*ibid.*, 128）へ向かうためだ。一九六九年の『知の考古学』になると、考古学は、現象をその成立とその純粋な現存在のレヴェルで捉えることとして定義されるようになる。それと同じように、夢では「人間学から存在論への移行が実現され」、「実存それ自体が、想像の根本的方向づけのなかで、みずからの存在論的な基礎を指し示す」(*ibid.*, 137)。フロイトにあっては、幻想が表象しているのは、退行の運動を方向づけている壊れることなき目的地である。だがフーコーによれば、夢や想像力は、その衝動がイメージや幻想のなかに結晶化されることをたえず問いなおすという。実のところ、幻想が生み出されるのは、「みずからの実存の自由な運動が、それを包み込んで停止させる準知覚の現前に押し潰されてしまっているのを、主体が見いだすとき」(*ibid.*, 144) である。逆に、「詩的想像力の価値は、イメージの内的な破壊の力によって測られる」(*ibid.*)。「すべての想像力は、本来的であるためには、夢見ることを学びなおさなければならない。そして「詩法」が意味をもつのは、イメージの魅惑を打ち破ることを教え、「打ち砕かれることなき夜の核」を絶対的な真理として差し出す夢への自由な道を、想像力にたいしてふたたび開くときのみだ」(*ibid.*, 140)。イメージや幻想の彼方にあるこの次元へと、想像力の運動は向かっていく。この次元は、トラウマや原光景の強迫的反復ではない。「世界の起源的な構成が成し遂げられる」(*ibid.*, 145) 実存の最初の瞬間なのである。

14

哲学的考古学に含意されている特別な時間構造について考えてみよう。哲学的考古学での問題は、本来的には過去でなく、成立点である。とはいえ、哲学的考古学が成立点への接近を開始できるのは、ただ成立点が伝統に覆われ中和されてしまった点にまで（メランドリの言い回しでは、意識と無意識、歴史記述と歴史の分裂が生み出された点にまで）遡ることによってのみだ。成立点、すなわち考古学のアルケーは、考古学研究がその操作を成し遂げたであろうときにのみ起こり、接近可能になり、現在になる。したがって、成立点は未来のなかの過去というかたちを、つまり先立未来〔futuro anteriore〕というかたちをしている。

ここで重要なのは、すでに示唆したように、たんに「最初の段階で非難された別の方向への展開に呼びかけを試みること」（Virno, 74）でもなければ、現実の事物の状態がもちうる別の可能性を推測することでもない。かつてベンヤミンが書いたところでは、「思い出のなかでわたしたちがする経験は、根本的に非神学的な仕方で歴史を考えることを禁ずる」という。なぜなら、思い出はなんらかの仕方で過去を変様し、未完結のものを完結したものに、完結したものを未完結のものに変えるからだ（Benjamin 1982, 589）。その意味で、思い出がかつてあったものに可能性を返してやる（が過去として承認もする）力だとすれば、忘却とは、かつてあったものから可能性を取り去る（がその現前をある仕方で保つ）ものである。考古学では逆に、記憶と忘却の彼方で、あるいはむしろ両者が区別されえない閾において、はじめて現在に接近することが問題になる。

まさにそのために、このとき過去へと開かれる通路は、未来のなかに投げかけられることになるのだ。すでにフーコーが『夢と実存』の序文で、フロイトに反論しつつ、未来へと向かう夢の内なる緊張を書き留めている。

> 夢の本質的な点は、過去を復活させるところにはない。未来を予告するところにある。この夢は、その女性患者が、彼女自身もまだ知らず、にもかかわらず彼女の現在にとってもっとも重荷である秘密をついに分析医にたいして明かす瞬間を、予兆し、予告している。〔……〕夢は解放の瞬間を先取りしているのだ。夢はトラウマ的な過去の強迫的反復である以上に、歴史の予兆なのである。(Foucault 1994, I, 127)

ここではおそらく「自己を解放する自由の最初の瞬間」としての未来にあまりにもナイーヴに力点が置かれている。だがそれは別にして、明確にする必要があるのは、考古学で問題になっている未来が過去と絡まりあっているということだ。それは先立未来、すなわち、そうなっていただろう過去〔passato che sarà stato〕なのである。このとき考古学者はその身振り（ないしは想像の力）によって、歴史に接近するのを妨げている伝統の細かな網目や無意識の幻想を一掃させて**い**た**だ**ろ**う**〔avranno sgombrato〕。この「そうなっていただろう」〔sarà stato〕というかたちでのみ、歴史意識は真に可能になるのである。

15

考古学は歴史の流れを逆なでして遡る。ちょうど想像力が個人の伝記の流れを遡るようにだ。これらはいずれも退行的な力を表象している。しかしこの退行的な力は、トラウマ性神経症のように、壊れることのなきまま起源へとあとずさりするのではない。逆に、歴史（個人のであれ集団のであれ）が先立未来の時制にしたがってはじめて接近可能になる点へと向かう。

こうして、考古学と歴史との関係が明白になる。この関係は、イスラーム教神学で（とはいえ、異なる仕方ではあれ、キリスト教神学とユダヤ教神学でも）、済世（さいせい）と創造、「命令」（*amr*）と「創造」（*khalq*）、預言者と天使とを区別すると同時に結びつけてもいる関係に、対応している。この教義によれば、神には二つの活動ないし実践があるという。すなわち、済世の活動と創造の活動である。済世の活動には預言者が対応している。預言者は救済の活動を実現する代理人の役目をつとめる。創造の活動には天使が、つまり創造の代理人が対応している。救済の活動は、序列のうえでは、創造に優先する。そこから、天使にたいする預言者の優位が導かれる（キリスト教神学では、神にあっては一つであるこれら二つの活動は、三位一体における二つの位格、すなわち〈父〉と〈子〉、全能の創造主と、神がその力を明け渡すところの救世主とに、割り当てられている）。

こうした考え方において決定的なのは、序列のうえで済世が創造に優先すること、つまり後続すると思えるものが実は先立っているということである。済世は、被造物の堕落にたいする補償ではない。ただ創造を理解可能にするもの、創造にその意味を与えるものである。そのために、イスラーム教にあっては、預言者の光は諸々の存在のなかで第一のものなのである（ちょうどユダヤ教の伝統においてメシアの名が世界の創造よりも先に創造されたように、またキリスト教で〈子〉は〈父〉から生じるにもかかわらず、〈父〉と同一実体にして同時であるように）。また、イスラーム教とユダヤ教にあって、救済の活動が——序列のうえでは創造の活動に優先しているにもかかわらず——一つの被造物に託されていることは示唆的である。このことが確証しているのは、いまやわたしたちに馴染みのものとなっているにちがいないパラドクスである。すなわち、これら二つの活動は、たんに分離されているだけでなく、唯一の場に根を張っており、そこで救済の活動は創造に内在しているア・プリオリのようなものとしてはたらき、創造の活動を可能にするのだ。

このとき、考古学者がするように歴史の流れを逆なでして遡ることとは、創造の活動を遡って、創造をその由来たる救済に戻すことに等しい。これと同じ意味で、ベンヤミンは済世をして完全に歴史的カテゴリーたらしめた。この歴史的カテゴリーは、悪しき歴史家たちの弁明にあらゆる意味で対立している。その意味で、たんに考古学が歴史記述に内在するア・プリオリというだけではない。考古学者の身振りは、人間のあらゆる真の行動のパラダイムである。というのも、作者とすべての人間の序列を規定するのは、たんに生の活動だけでなく、生の活動を済世の活動へと戻して、救済のしるしを刻印し、理解できるようにしたその仕方だからである。ただ生の活動を救済できたであろう者にとってのみ、創造は可能になるだろう。

16

人文科学の歴史は、低迷期に入るまえに、二十世紀前半を通して決定的な進展を見た。このとき「先導的な学問」〔disciplina pilota〕の役割を引き受けたのが、言語学と比較文法である。純粋に言語学的な分析を通して、人間性の歴史のいっそうアルカイックな（あるいはデュメジルの表現をもちいれば超歴史的な）段階に遡ることができる——この考えは、十九世紀末のヘルマン・ウーゼナーの『神々の名』(一八九六年)ですでに顔を覗かせている。ウーゼナーは、いかにして神々の名の創造が起こりえたのかを、研究の冒頭で問うている。そして、そのような問い——宗教史にとってはきわめて根本的な問い——に答えようとするなら、わたしたちには言語の分析から引き出されるもののほかに「証拠」(*Urkunde*)がないと指摘した(Usener, 5)。とはいえもちろん厳密さでは劣るものの、すでにウーゼナーよりもまえに比較文法は、マックス・ミュラーからアーダルベルト・クーン、エミール・ビュルヌフまで、十九世紀末の三十年間に比較神話学と宗教学を打ち立てようとした学者たちの着想源になってきた。比較文法は、もっぱら言語学的なデータを検討することで、「神々の名」だけでなく、「インド゠ヨーロッパの社会組織」そのものの全般的輪郭を再建しようと試みてきた。そしてそれはエミール・バンヴェニストの『インド゠ヨーロッパの社会組織の語彙』によって頂点に到達する。まさにそのとき生じたのが、こうした企図の全面的退潮であり、ノーム・チョムスキー的なタイプの形式化されたモデルへと言語学が転回したことであった。比較文法研究は、チョムスキー的な認識論の地平では、提起されがたいものになってしまう。

本書は今日の人文科学の役割とその将来について問う場所ではない。むしろここでの関心は、考古学で問題となるアルケーをいかに理解すべきか、あらためて考えることにある。実のところ、言語学の分野であれ文化史の分野であれ、実在するものとして前提された言語（「「拡散の時点で」話されていたと想定されてきたアカデミックな一つのインド＝ヨーロッパ語」Dumézil, I, 9）とそれを話す人々への係留を断念したときにこそ、研究が意義深い進展を記録したということが本当であったとしても、また、重要なのは検証しえない祖型を再建することよりもむしろ、知られている言語を比較によって説明することだと学者たちが理解していたとしても、しかしながらそのような視座においては、仮説に含まれる存在論的な支えとの結びつきすべてを断ち切ることはできなかった。そのために、一九六九年にバンヴェニストがその代表作を出版したとき、いったいどのように「インド＝ヨーロッパの社会組織」なるものの歴史的根拠と認識論的な〈場〉（*locus*）を理解すべきなのか、明白ではなかったのである。おそらくバンヴェニストは、たとえ同年に不治の全面的な失語症に罹らなかったとしても、解決を示唆できなかっただろう。

本章で提起された哲学的考古学の視座においては、存在論的係留は全面的に改訂されなければならない。この考古学が遡るアルケーは、いかなる仕方であれ、ある年代のなかに位置づけられうるデータとして理解されてはならない（たとえ先史を含めた広範な時代区分によってであっても）。むしろアルケーとは、歴史のなかではたらいている力のことである。それはちょうどインド＝ヨーロッパの言葉が、歴史的に接近可能な言語同士の繋がりの体系を表現しているのと、精神分析における子供が大人の心的生のなかではたらいている力であるのと、宇宙を誕生させたと想定されているビッグバンがわたしたちへと太古の光線を送りつづけているものであるのと、同じようにである。とはいえ、天文学者たちが――何百億年という単位でではあるが――日付を与えようとしているビッグバンとは異なって、アルケーは、データや実体ではなく、人類の誕生と歴史、成立点と生成、原過去と現在とのあいだの両極的な歴史の流れの場である。そのようなものとして――つまり、人類の誕生のように必然的に起こったと推定されるが、年代のなかの出来事として実態化されえないものとして――、アルケーはただ歴史現象の理解可能性を保証できるだけである。そうしてアルケーは、いかなる場合でも検証されえない起源を理解するのではなく、おわってはいるが完全になりえないその歴史を理解することで、先立未来において、歴史現象を考古学的に「救済」できるのである。

こうしてまた、人文科学のパラダイムが比較文法（本質的に歴史的な学問）から生成文法（つまり最終的には生物学的な学問）へと変わったことの争点がいったいなんであるのか、理解できるだろう。いずれの場合でも、結局のところ存在論的係留が問題として残されている。それは、比較文法（とそれにもとづく学問）にとっては歴史的起源の出来事であり、生成文法（とそれに結びついた認知科学）にとってはホモ・サピエンスの神経系と遺伝コードである。人文科学の領域で、今日、認知科学から引き出されたモデルが優位にあることは、この認識論パラダイムの変化を証言している。しかしながら、この存在論的係留という観念を一から考えなおし、本質的に歴史的な緊張の場として存在に眼を向けてはじめて、人文科学はその決定的な認識論的出発点に到達できるだろう。

新たなる方法序説——訳者あとがきにかえて

岡田温司

アガンベンがずばり人文科学の方法論に挑む本を書いた。題して「*Signatura Rerum*（シグナトゥーラ・レールム）」、「事物のしるし」という意味のラテン語である。「方法について」という副題が付いてはいるものの、なんとも古風な響きのタイトルである。だが、『スタンツェ』以来ずっとその仕事を追ってきた者としては、黙ってこれをやり過ごすわけにはいかない。訳者宛の私信で著者も、「小さな本です。しかし、わたしの仕事の方法という問題に関するかぎり、わたし自身にとってとても重要なものです」と、述懐していたではないか。しかも、これまでの彼のスタイルからして、（あえて卑近な言い方をするなら）いわゆるベタなものではなくて、ひとひねりもふたひねりもあるはずである……。

果たして、予想的中。「小さな本」ながらも、これは、アガンベンの思想に関心をもつ読者にとってはもちろんのこと、人文諸科学に直接的・間接的にかかわるすべての人にとって、中身のびっしりと詰まった「とても重要なもの」なのだ。ことさら古風なタイトルを冠したこの「小さな本」は、それにもかかわらず／それゆえに、大きなアクチュアリティを提起しているのである。いかなる意味においてか。

アガンベンはここで、三つの鍵概念を取り上げて検討を加える。順に、「パラダイム」「しるし」「考古学（アルケーの学）」である。すでに皆さんお察しのように、いずれもミシェル・フーコーの仕事を踏まえてのものである。著者自身、「はしがき」でのっけからこう告白している。自分は「近年、彼から多くを学びとる機会を得た」、と。ずいぶんと真摯で謙虚な書き出しである。事実、とりわけその名を一躍世界中にとどろかせるきっかけとなった著書『ホモ・サケル』（一九九五年）以来、アガンベンがさまざまなかたちで問いつづけている一連のテーマは、「生政治」や「生権力」にせよ、「主権」にせよ、「統治性」にせよ、「装置」にせよ、いずれも基本的にフーコーがひとつの起点となっているものである。このことはすでに周知のところであろう。つまり、アガンベンにおける政治的転換には、フーコーが――シュミットとともに――深い影を落しているのである。

とはいえ、これまでにも指摘されてきたように、アガンベンはけっしてフーコーの忠実な読者というわけではない。それゆえ、イタリアの後輩はフランスの先輩を「誤解」している、「曲解」している、「利用」している等々、といった批判がしばしばなされてきたのも理由のないことではない。そしてそうした批判は、当たっているともいえるし、誤っているともいえる。なぜならアガンベンは、フーコー的な装置のうちに居据わろうとするのではなくて、文字どおりそこを起点にして、さらなる展開や練り上げの可能性を探ろうとしているからである。とするなら、ずれや亀裂をともなうことは必至である。むしろ、そのずれにこそ意味があるともいえるだろう。

もちろん、アガンベン自身がこれまでそのずれをあえて自覚的に実践してきたわけだが、このことは、なによりも「方法」それ自体を――真っ向からというよりも斜めから――論じた本書において際立ってくる。たとえば、フォイアバハの「発展可能性」という概念について触れつつ、早くも「はしがき」から次のように宣言される。「作品の著者に属するものと、それを解釈し発展させる者に帰されるものとの差異は、本質的であると同時に捉えがたいものになる」。このせりふは、見方によっては都合のいい自己弁明のようにもとれなくはない。が、かくのごとき忠実なる不実者、あるいは不実なる忠実者、それこそまさしくアガンベン（の身振り）にほかならないのだ。

独特のその身振りは、読者を魅了する一方で、同時にはねつけもする。引き寄せておいて、拒絶するのだ。逆に、われわれ読者の側からいうと、魅せられずにはいられないのだが、どこかで何かしらの拒否反応も起こすことがある。つまり、引き合う両極性の緊張のなかに、われわれをじりじりと引きずり込むのである。こうして、一種のアガンベン・アレルギーを読者に体験させること、だが、これもまた計算された彼のスタイルである。それはさながら魔除けのようなものでもある。というのも、魔除けの機能は、追い払うために引き寄せるというパラドクシカルな運動にあるからだ。この点に関して著者本人は、(まったく別の文脈でだが)「祓う」という意味のフランス語 conjurer に言及している。すなわちその語には、「呼び寄せる」と「追い払う」という正反対の意味が合体しているのである。アガンベンの読者もまた、この緊張のなかにおかれることになる。彼の方法自体がそれを志向しているのである。

文は人なりというが、わたしが思うに、むしろ方法こそ人なりというべきであろう。そしてアガンベンの場合、それがもっとも良く当てはまるのではないだろうか。

さて、もしそうだとするなら、本書の主題である先の三つ――パラダイム、しるし、考古学――に関してはどうであろうか。ここで念頭に置かれているのは、どちらかというと生政治よりもエピステーメーにかかわるフーコーの初期の仕事である。すなわち主に、『言葉と物』(一九六六年)と『知の考古学』(一九六九年)である。だがもちろん、それだけではない。およそアガンベンの主著のすべてがそうであるように、古代から中世にまでさかのぼって、それぞれの系譜がたどられていくのである。とはいえ、それらをこの場で逐一挙げることは控えておこう。

肝心なのは、アガンベンがそれらからいかにずれようとしているのか、そしてそうすることで、いかなる「発展可能性」をそこから引き出そうとしているのか、ということである。それぞれについて、要点だけをかいつまんで確認しておくことにしよう。

まず、「パラダイム」についてはどうだろうか。一九六〇年代にこの用語にふたたび光を当てたトーマス・クーンとフーコーとを比較し、両者の差異——認識論の次元にとどまる前者と政治的力学の場へと移行させる後者——を浮き彫りにした後、アガンベンは、突然踵を返してアリストテレスにわれわれの注意を向けさせる(その身振りは、「ビオス」と「ゾーエー」をめぐる『ホモ・サケル』冒頭の展開にも比することができるだろう)。アリストテレスにおいてパラダイム(範例)は、普遍と個別、あるいは全体と部分との関係ではなくて、あくまでも個別(部分)と個別(部分)との関係の問題であり、その意味で、帰納や演繹とは異なる「第三のパラドクシカルな運動」をなしている、とアガンベンは指摘する。要するに、パラダイムの真の性格が把握できるのは、「アリストテレスのテーゼを根源的におしすすめ、パラダイムが個別と普遍の二元論的な対立を問いなおしていることを認識するとき」なのである。

かくして、カントの美的判断、プラトンにおけるイデアと可感的なものとの関係(をめぐる哲学史家ゴルドシュミットの議論)、ヴァールブルクの「ニュンフ」等々と、知の時空を自在に往復しながらアガンベンは、最終的に、パラダイムを特徴づける六つのテーゼを導きだす。それが第一章「パラダイムとはなにか」の末尾に列挙されているものである。きわめて明晰かつ簡潔に要約されているこれらのテーゼに関しては、無駄な説明を弄するまでもないだろう。これを読むとき、われわれは、アガンベンがこれまでその著作のなかで提示してきたさまざまな操作概念、「ホモ・サケル」、「回教徒」や「強制収容所」、「包摂的排除」や「オイコノミア」等が、長くて広い時空のスパンのなかで、それまで歴史家の眼差しを逃れてきた一連の現象の類縁性を理解できるようにするための「パラダイム」として機能していたことに、あらためて気づかされるのである。

それゆえ、多くの哲学者たちを悩ませてきたアポリア、たとえば「解釈学的循環」も、アガンベンによれば、「パラダイム的循環」として読み替えられるべき問題であり、そのかぎりにおいて、「「単独の現象」と「全体」の二重性があるので」も、「「まえ」と「あと」」、先取と解釈の循環性があるのでもない」ことになる。真の問題は、全体の認識と個別の認識のどちらが優先あるいは先行しているのかという点にあるのではなくて、個別間の「範例的な布置のうちにあるのだ」。

次に「しるし」についてはどうだろうか。アガンベンがここで、あえてアルカイックな知から、すなわち、ルネサンス・ドイツの医者パラケルスス(一四九三―一五四一)と神秘家ヤーコプ・ベーメ(一五七五―一六二四)――本書のタイトルはその著書に由来する――から書き起こしているとすれば、やはりそれなりの理由があるはずである(パラケルススを論じたフーコーの『言葉と物』が出発点にあることは間違いないのだが、それだけではない)。だからといってもちろん、純粋に歴史主義的な関心によるのでも、ましてや魔術の復権といった類いのよくありがちな戦略的オールターナティヴによるのでもないことは、取り立てていうまでもないだろう。

だとすれば、本当の狙いはどこにあるのか。それはある意味で単純明快である。記号に代わって「しるしの理論」を再構築すること、である。では、なぜ記号(や象徴)ではなくて、しるしなのだろうか。第二章の構成を簡単に振り返っておこう。

医学と呪術から出発した本章は、秘跡をめぐる濃密な神学(アウグスティヌス、トマス・アクィナス等)——章全体の約三分の一を占める——を経由し、ルネサンスの新プラトン主義、ヴァールブルクと『言葉と物』のフーコーとめぐって、アガンベンお気に入りの言語学者エミール・バンヴェニストと『知の考古学』のフーコーへと辿りついたかと思うと、ふたたびカバラーへと舞い戻り、さらに目利きのジョヴァンニ・モレッリとフロイトの親近性、およびそれをめぐる歴史家カルロ・ギンズブルグの名高い議論を迂回して、ベンヤミンの『パサージュ論』、流行のメカニズム、法の言語、世俗化論争、デリダの「代補」等をかすめつつ、もういちどフーコーへと戻ってくる。

このように、通時的な時間の流れをあえてアナクロニスティックに無視し、一見したところ無関係に思われるような多くの学問領域を大胆かつ軽やかに横断してみせるそのスタイルは、なにも本章(あるいは本書)に限られた話ではない。だが、その前の章の最後に、新たなパラダイムの六つの概念規定が列挙されていることを知っている読者には、まるで当の提唱者本人が、間髪を容れずそれを実践に移しているかのように見えるのである。つまり、アガンベンにとってしるしとは、個別と個別の関係性のなかから浮かび上がってきて、それらのあいだの隠れた類縁性を垣間見させる、すぐれた意味での「パラダイム」たりうるものなのである。

では、なぜ「しるし」でなければならないのだろうか。それは、アガンベンが、記号によっては汲みつくすことのできない過剰ないしは残余を、しるしのうちに読み取り、救い上げようとするからである。こうして、通時態と共時態との「交点」のうちに探り当てられたものこそ、しるしが記号にたいして有する過剰にして残余にほかならない。あるいは、記号がコンスティティヴ(事実確認的)なものであるとすれば、しるしはパフォーマティヴ(行為遂行的)を含意しているということもできよう(二〇〇八年の『言語の秘跡——宣誓の考古学』はこの点について徹底的に論じている)。記号は、しるしがあるからこそ活性化され、現実に作用するものとなる。しるし付けられていないような純粋な記号など、実のところ存在しないのだ、と言い換えてもいい。アガンベンはそれをまた、フーコーが『知の考古学』で展開する言説と言表の区別にも比較している(ちなみに、わが国でも坂部恵が、一九七六年の『仮面の解釈学』ですでに「しるし」に注目していたことは特筆にあたいする)。

最後に、「考古学」、正確には「哲学的考古学」について。ここでの要点は二つあるように思われる。ひとつは「アルケー」、もうひとつは「ア・プリオリ」をめぐる問題系である。その論点は、ある意味ですでにわれわれに馴染み深いものである。通時的に定位されるというよりも共時的に作用しているがゆえに、起源とはきっぱりと区別されるアルケー。認識の可能性を条件づけるはずのア・プリオリが、実は、ア・ポステオリにしか構成されえないはずの歴史のうちにすでに刻み込まれている、というパラドクス。これらはいずれも、フーコーが『知の考古学』や「ニーチェ、系譜学、歴史」(一九七一年)において提起していた問題であった。

とするならば、アガンベンはそこからいかなる「発展的可能性」を引き出そうとするのか。「フーコーは、歴史的ア・プリオリという考えが孕んでいるように見える特別な時間構造について、考察することはなかった」、まずイタリアの後輩はこう診断する。こうして、ベルクソン、フロイト(とフロイトを敷衍するポール・リクール)、ベンヤミン、ビンスヴァンガー等のテクストに、その「特別な時間構造」が探られることになる。だが、これもまた当然予想される手続きであり、今日、たとえばディディ=ユベルマン(アガンベンは本書でその名に一度も言及してはいないが)等によって「アナクロニスム」として積極的に提起されている問題ともリンクするものである。

では、いったいどこにずれていこうとするのか、われわれの哲学者は。アガンベンにとって肝心なのは、抑圧されたものや体験されなかった過去をそれ自体として蘇らせるということではない。むしろ、鍵は現在と未来にある。「成立点、すなわち考古学のアルケーは、考古学研究がその操作を成し遂げたであろうときにのみ起こり、接近可能になり、現在になる」のである。『同時代性とは何か』(二〇〇八年)という短いエッセーで強調されるのも、過去の探求が、未来へと向かう現在の理論的問い掛けによって投影された影にほかならない、という点である。アルケーとは、時間のなかで作用している力のようなものであり、断じて実体化されてはならない。

だが、誤解してはいけない。このことは、現在と未来のために歴史を体よく利用する、ということを意味するのではけっしてない。考古学的アルケーの探求は、その構造上、「先立未来」においてのみ成立しうるものなのである。さらにアガンベンはこの問題を、読者の意表を突くかのように、創造と救済の関係という神学の地平へと連れ出し、後続するかにみえる救済こそが実は創造に先行している、と説く(救済と歴史を結びつけるベンヤミンの影がここでちらついている)。「ただ生の活動を救済できたであろう者にとってのみ、創造は可能になるだろう」。アガンベンにおいてこのテーマは、彼のライフワークともいえる「潜勢力」と「無為」をめぐる問題とも関係しているように思われるが、これについてはまた別の機会に検討することにしよう。

とはいえ、聞き捨てならないのは、本章の最後で発せられたひとつの警告である。いわく、目下のところ人文科学の領域で優位を占めつつある認知科学のモデルは、たとえパラダイムの変化を証言しているとしても、それゆえにこそけっして実体化されてはならず、本質的に歴史的な緊張の場にもたらされなければならない、と。

ところで、それにしてもなぜこの三つ——パラダイムとしるしと考古学——が選ばれたのであろうか。これら三者はなにゆえに結びつき、なにゆえに今このときに召喚されてこなければならないのだろうか。そのアナクロニスティックなアクチュアリティは、いったい那辺にあるのか。

もちろん、直接の契機は、本人も明言しているとおりフーコーにある。だが、やはりそれだけではない。本文を一読すればすぐに気づくように、これまでのアガンベンの著作においてしばしば重要な役回りを演じてきた名高い三人組、弁証法的イメージのベンヤミン、「情念定型」と「記憶痕跡」のヴァールブルク、ソシュールを批判しつつ記号論と意味論を区別するバンヴェニストが、ここでも渋い脇役として登場し、アガンベン的ずれの演出に大いに貢献しているのである。

しかも、本書の特色としてここで特筆されなければならないのは、もうひとりの隠れた主役の存在である。それとは、不遇の哲学者エンツォ・メランドリ（一九二六―九三）のことである。実は、本書が上梓される四年前の二〇〇四年、アガンベンは、出版当時（一九六八年）は黙殺され、その後も記憶から葬り去られたメランドリの大著『線と円――アナロジーをめぐる論理哲学的研究』の復刊にあたり、「ある考古学の考古学」というタイトルで、比較的長い序論を寄せているのだが、そのなかにすでに、いくつかのテーマが先取りされているのである。たとえば、アルケーの学としての考古学、存在論的なキアスム、反‐象徴、弁証法とアナロジーといったテーマ系がそれである。

いつものように、不利な諸条件はその美点を有しているものだ。大気圏のない天体として孤立していたことで、その本は、新鮮さと強度を無傷のままに保持できたのである。（Agamben, "Archeologia di un'archeologia," in Enzo Melandori, *La linea e il circolo. Studi logico-filosofico sull'analogia*, Quodlibet, Macerata 2004, p. XII）

埋もれた過去のうちにアクチュアリティを見いだし、新たなかたちで現代によみがえらせること、それは、アガンベンがベンヤミンの歴史哲学とパウロの神学とから学びとった重要な教訓である。メランドリはアガンベンにとって、忘れ去られた「イタリアのフーコー」なのであり、しかもフーコーを補完する存在でもある。「イタリアの学界の盲目さ」

と「特異な著作の性格」(*ibid.* p. XI) ゆえに排除されてきたこの哲学者と著作に、奇しくもアガンベンは、かつてやはり本国で不遇であった自分自身を重ねているように、わたしには思われる。ちょうど、「歴史の概念について」のベンヤミンが、「ローマの信徒への手紙」の使徒パウロに自分を重ねていた(と、『残りのとき』でアガンベンは解釈する)ように。

さて、アガンベンにおいてパラダイムとしるしと考古学の三者が結びつけられる動機に立ち返ろう。わたしの読みでは、そこには二つ、ないし三つの重要な契機があるように思われる。すなわち、これまで西洋近代の思考を支配してきた同一性(アイデンティティ)と二元論の原理に代わって、それぞれ類似性(アナロジー)と両極性を対置させる、ということである。これにさらに、超越性に代わる内在性という契機をくわえてもいいだろう。

記号が基本的に同一性や一致の原則に支えられているとするならば、しるしは、はるかに柔軟性と想像力に富むアナロジーによって思考する。二元論が、あくまでも二項対立に縛られたままで、どちらか一項を選択するか、二項の止揚としてのみ第三項を思考するのにたいして、両極性は、引き合う二つの張力のあいだの平面にとどまりつつ、そのなかで第三項のさまざまなあり方を問う。それゆえ、思考し語る主体の同一性や超越性といったものがもはや問題とはなりえないことも、また必然である。

このように見てくると、アガンベンがフーコーから出発しつつもたえずそこから発展的に逸れていくのは、ニーチェ－フーコーの系譜学的アプローチを、アリストテレス－ハイデガーの存在論的関心にあえて突き合わせることで、鍛え上げ練り上げようとしているからであるようにも思われる。

最後にひとことだけ付言して、このあたりでそろそろ筆をおくことにしよう。それとはすなわち、方法についての書であると銘打ったこの本が、同時にすぐれて、その方法をアド・ホックに実践している書でもある、ということである。つまり、そこにおいて理論と実践、手続きと結果、解釈と提示とが分かちがたいかたちで合体しているのであり、方法について思考することが、そのまま方法の実践となりえている稀有な試みなのである。

最初にも述べたように、著者本人からいわば半分託されたようなかたちになった本書の訳は、それだけにある種の心理的なプレッシャーがかかる作業となった。曲がりなりにもその期待に少しでも応ええているとするならば、それは、共訳者である岡本源太の功績によるところが大きい。その岡本がまず訳稿を作成し、岡田がそれに手を加えるというかたちで作業は進められたが、幸いにも章を追うごとに岡田の負担が軽減されていったことを、正直に白状しておかなければならないだろう。岡本はまた、パリの社会科学高等研究院に留学中、第二章に相当する部分の生の講演に接し（二〇〇八年三月）、そのときの様子をメールで報告してくれた。

願わくば、この日本でふたたびアガンベンの生の声を聞きたいものだが、来日の話が浮上しては消えていく（おそらくは初体験の長旅に辟易したのであろうか）。時の経つのは早いもので、かつてパゾリーニの映画『奇跡の丘』で使徒フィリポ役をつとめたことのある哲学者も、今や七十歳を迎えようとしている。だが、そのペンは衰えることをしらない。しかも、その軌道からすぐれた若い研究者たち（たとえばアンドレア・カヴァレッティやエマヌエーレ・コッチャ、そしてダニエル・ヘラー゠ローゼン等）が多く輩出されていることもまた、頼もしいかぎりである。

末尾ながら、われわれ訳者の遅々たる歩みに根気強くお付き合いいただいた、編集の大山悦子さんに心よりお礼を申し上げたい。ありがとうございました。

パラダイムの倫理としるしの法——文庫版解題として

岡本源太

久々に再会して旧交を温めたあと、別れてみたら、今の今までいったい何の話をしていたのか思い出せないことがある。会話の中味などは消えてしまって、ただ忘れがたい幸福なイメージだけが残っている。ジョルジョ・アガンベンが〈生の形式〉と呼ぶのは、忘れがたさをかたちづくるその人の身振りのことであり、ちょっとした仕草、表情、視線、口調、声音、息遣いといったものだ。各人の個性は、他者には隠された私秘的な内心などにあるわけではなく、言葉で語られるような思想にあるわけでもなく、むしろいつでも他者に露わにされている身振りに示される。他者とともにある身振りこそが、その人となりを特異で個別的なものに、つまりは忘れがたいものにしている。このとき共同性と特異性は同時に生起している。

アガンベンの名前を一躍知らしめた〈ホモ・サケル〉プロジェクト全四巻（一九九五〜

二〇一五年）が終結し、最終巻後篇『身体の使用』（二〇一四年）では、現代の生政治的状況を克服すべき〈生の形式〉の存在論的基盤が「様態の存在論」にあると示された。そうした現在にあって、本書『事物のしるし』を繙くと、ここで論じられている「パラダイム」「しるし」「考古学」がたしかにアガンベンの思索にとって欠くことのできない方法論的概念であるとわかる。本書のはしがきで述べられるごとく、方法についての反省が研究の終わったあとにこそなされ、しかもそれはとりもなおさず人々と議論をかわすためなのだとしたら、今こそ『事物のしるし』を読むのにふさわしいときであるかもしれない。

本書の「発展可能性」（フォイアバハ）のひとつを、試みにここに描いてみよう。本書第一章第9節では、ごく手短に、修道院の規則が〈生の形式〉にしてパラダイムであると示唆される。そして本書第二章第24節では、付け足しのごとく、バンヴェニストとノアイユの研究を参照しながら「法とはまさしくしるしの領域である」と述べられる。いずれの節も、議論の本筋からすればあってもなくてもかまわないような、ちょっとした脱線という体の記述だ。しかしながら、〈ホモ・サケル〉プロジェクトでアガンベンが、幸福な生としての倫理を法律や権利のモデルで理解してはならない、と折に触れて警告していたことを思い起こそう。一方のパラダイムが〈生の形式〉、つまり幸福な生としての倫理に通じているのだとすれば、他方のしるしは超越的規範たる法を構成して、人間の生を包摂しつつ排除してしまうものだ。パラダイムの倫理としるしの法との密かな闘争が、おそらくはアガンベンの哲学的考古学をかたちづくっている。

〈ホモ・サケル〉プロジェクト最終巻前篇『いと高き貧しさ』（二〇一一年）は、『事物のしるし』第一章第9節を敷衍したかのごとき一書で、修道院の規則の考察から〈生の形式〉の理論を鮮やかに剔抉している。修道院の「規則」がいかに教会の「法」と対決したのか――アガンベンは、キリスト教史における修道会と教会との関係をたんなる権力闘争に還元してしまうことを周到に回避しながら、考察を進める。そうして、アッシジのフランチェスコと彼の創設したフランシスコ会の規則を導きの糸に引き出されるのが、修道院という「共同の生」を成立させる規則の逆説的な性格である。

わたしたちは、ともすれば「規則を守る」ことが共同生活を可能にするかのように見なしてしまう。しかしながら修道院で目指されたのは、「規則を守る」ことではなく「規則にしたがって生きる」ことであった。政治ばかりか倫理すらも法律と権利のモデルによってしか理解できない現代人には、「規則を守る」ことと「規則にしたがって生きる」こととの差異は把握しがたいかもしれない。しかし、これこそが超越的な法と内在的な倫理との決定的な差異である。「規則にしたがって生きる」なら、個々の生き方がそのまま共同の範例になり規則そのものになる。アガンベンによれば、修道士たちはそうした内在的な倫理としての規則たる〈生の形式〉の構築を、芸術＝技術の実践になぞらえたという。芸術＝技術の規則は、超越的な法として課されるわけではなく、むしろその実践自体に内在している。だからこそ芸術家＝技能者の身振りは、あくまで個別的なものでありながら、共有できる手本にして模範、つまりパラダイムになる。『中味のない人間』（一九七〇年）から『創造とアナーキー（*Creazione e anarchia*）』（二〇一七年）まで、アガンベンは一貫して芸術を論じつづけてきている。それは、『いと高き貧しさ』および『事物のしるし』に照らしてみれば、まさしく芸術がパラダイムの最たるものであり、実践それ自体が規則そのものであるという、内在的な倫理を示してくれるものにほかならないからだろう。芸術を実践する芸術家のようにみずからの生を一つの形式へと変容し、パラダイムへと鍛え上げて、特異性と共同性を同時に生起させる内在的な倫理を実現すること、それがアガンベンの狙いなのである。『身体の使用』で示唆されているごとく、ヘンリー・ジェイムズらの近代文学こそ、修道院からファランステールまでの共同の生の試みのあとで、個別的な生と普遍的な生との一致が目指された場所だったとすれば、まさに〈生の形式〉の追求として、詩と生、芸術と現実の一致の追求があるのだ。

とはいえ、法の超越的規範については、いかに対峙すべきだろうか。これはとりもなおさず、しるしをどのように解消するのかという問いになる。しるしは、ものごとを外部の座標系へと関係づけるものであるかぎりで、超越的規範を構成する。法律と権利という、すぐれてしるしの領域たるものに人間の生が包摂され排除されてしまうのも、しるしの効力である。だからこそアガンベンは、本書第二章第25節で、しるしを超えて〈しるしなきもの〉にまで到達できるような哲学的探究を示唆するのだろう。同節ではあわせて、「世俗化」の概念が実は概念ではなくてしるしである、と指摘されている。この事例を取り上げてみよう。

〈ホモ・サケル〉プロジェクトの多くの巻では、周知のごとく、近代の生政治のありようが中世のキリスト教神学に仔細に照らし合わされて分析される。これは一見したところ、カール・シュミットらのいわゆる「世俗化論」に近しい議論だ。近代の政治機構や社会制度は中世のキリスト教が世俗化され脱宗教化されたものにほかならない、と。とはいえ、アガンベンは中世神学と近代政治のつながりを、しるしを介した関係と見なしているのであって、神学と政治をただ同一視しているわけではない。政治が偽装された神学だと言っているわけでも、まして近代において理性が神の座に就いたと語っているわけでもない。歴史的連続性でも構造的同型性でもない、しるしによるつながりこそ、アガンベンが近代政治を中世神学に照らし合わせる根拠をなしている。

本書第二章「しるしの理論」の内容を逐一振り返る必要はないだろう。しるしはたんなる記号のことではなく、記号と意味を結びつけて機能させる作用であり、或る領域を別の領域と関係づけて効力をもたせる。金属片や紙片に特定のしるしが刻印されたり印刷されると、貨幣として使用されるようになる。絵画の印象や評価は、描いた形式と描かれた内容のほかに、作者や時代や地域のしるしを帯びていることによっても大きく左右される。

しるしは、眼に見える標識であれ知的に理解されるアナロジーであれ、ものごとの外形・中味・素材・性質・意味等とは別に、その価値や評価を決定する外部の座標系を指定するものであり、そして思考や行動を惹起する効力をもっている。注意すべきは、しるしの効力の内実は未決定のまま残され、そのつどの歴史的境位においてたえず変化することだ。キリスト教のしるしたる十字架は、おおむね同様の形状と意味を保ったまま時代や地域をまたいで伝播してきたが、しかし十字架が人々に惹起する反応や行動はそのつど異なる。古代のユリアヌス帝時代と中世の教皇インノケンティウス三世時代とでは違う。そうした差異は、もちろん十字架の形状や意味の変化が原因ではない。そこに大きな変化はない。むしろ十字架がキリスト教のしるしであり、そのしるしの指定する座標系が状況に応じて価値を――しばしば両極に振れるほど――変えるからである。このアガンベンの洞察は、本書でもたびたび言及されるアビ・ヴァールブルクの美術史研究から引き出されたものだ。

アガンベンの指摘どおり「世俗化」をしるしとして理解するなら、マックス・ヴェーバーからカール・シュミットにいたるまでの世俗化論の錯綜ぶりは当然のものだろう。近代が世俗化されたキリスト教にほかならないとは、近代が合理化されたということなのか、それとも非合理的なままだということなのか。政治が宗教を払拭したということなのか、あるいは宗教が政治に姿を変えて生き延びたということなのか。政治が密かに宗教を利用しているということなのか、もしくは政治が人知れず宗教によって束縛されているということなのか。こうした両極に揺れる解釈をそのつどの歴史的境位において引き起こすことこそ、「世俗化」がしるしであることの証左である。このとき試みるべきは、いずれの解釈が真理なのかを知ることではなく、こうした選択を迫られるということ自体が露わにしている現況の歴史性と政治性を把握することだ。つまり、近代政治の原型が中世神学にあったこと自体よりも、そのようなつながりが今現在においてもちうる政治的な効力を診断することが、重要なのである。

本書第三章で詳らかにされるように、アガンベン自身の哲学的考古学は、しるしがまさに今現在において行使している効力から出発して、その成立点にまで退行していく。それは、現在というものが否応なしに巻き込まれている歴史記述になる。たんに過ぎ去った出来事ではなく、いまなお影響力を行使している効力としての過去が記述対象になるのである。ものごとの通時的変遷を時系列順に追いかけるようなたぐいの歴史研究を、アガンベンが自身の哲学的考古学とはっきり区別していることに注意したい。

歴史記述の道具となる現在のわたしたちの概念自体が、実のところ歴史的に形成されている。概念は歴史を超えた永遠不変の中立的な分析道具などではない。きちんと定義されて時系列順に整然と伝達されるものでもない。むしろ単線的な継承も同時代的な共有も飛び越えて、繰り返し論争を呼び込みながら、突然復活しては意味を変え、それによってそのつどの政治的状況を構成し、歴史的現実そのものを形成していく。歴史記述にもちいられる概念自体がわたしたちを歴史のなかに引きずり込んでしまっているのだから（概念にはしるしがともなっているとアガンベンが述べるのはこの意味で理解できるだろう）、歴史の外側に立ってものごとの客観的な時系列順の変遷を描くことは不可能である。もし無理にそれを試みるなら、実際の歴史を非歴史化することに通じてしまう。

それゆえアガンベンはしるしという、そのつどの歴史的境位において変動するすぐれて歴史的な要素を分析の道具にして対象に据える。そうして、しるしが成立した時点にまで遡ることによって、今現在のわたしたちの概念的枠組みを解体し、その超越的規範への参照を中断して、わたしたちが考えられずにいたことを明るみに出す。ヴァルター・ベンヤミンを受けて語られる「救済」とは、このことの謂いにほかならない。

法という超越的規範によって人間の生の包摂的排除をおこなう権力を克服して、個々の生き方がそのまま共同の範例になり規則そのものになるような内在的な倫理を目指すこと。人間の共同の生を、生物一般に無規定にあてはまる生命の生物学的概念のようにではなく、自己が他者とともに日々生きているその様態、日常のなにげない身振り、つまり〈生の形式〉として理解すること。そうして、生政治のなかで擬似永遠化されてしまった生物学的な生に、個別的にして共同的でもある歴史的な生を取り戻させること。パラダイムの倫理としるしの法は、たしかに本書『事物のしるし』で明示的に語られてはいないものの、〈ホモ・サケル〉プロジェクトの終結した今だからこそ読みうるようになった、その「発展可能性」のひとつであるにちがいない。

ちくま学芸文庫

事物のしるし　方法について

二〇一九年十月十日　第一刷発行

著　者　ジョルジョ・アガンベン

訳　者　岡田温司（おかだ・あつし）
　　　　岡本源太（おかもと・げんた）

発行者　喜入冬子

発行所　株式会社　筑摩書房
　　　　東京都台東区蔵前二―五―三　〒一一一―八七五五
　　　　電話番号　〇三―五六八七―二六〇一（代表）

装幀者　安野光雅

印刷所　明和印刷株式会社

製本所　株式会社積信堂

ISBN978-4-480-09949-5 C0110

ニーチェ
G・ドゥルーズ
湯浅博雄 訳
〈力〉とは差異にこそその本質を有している――ニーチェのテキストを再解釈し、尖鋭なポスト構造主義的イメージを提出した、入門的な小論考。

カントの批判哲学
G・ドゥルーズ
國分功一郎 訳
近代哲学を再構築してきたドゥルーズが、三批判書を追いつつカントの読み直しを図る。ドゥルーズ哲学が形成される契機となった一冊。新訳。

基礎づけるとは何か
ジル・ドゥルーズ
國分功一郎／長門裕介／西川耕平編訳
より幅広い問題に取り組んでいた、初期の未邦訳論考集。思想家ドゥルーズの「企画の種子」群を紹介し、彼の思想の全体像をいま一度描きなおす。

スペクタクルの社会
ギー・ドゥボール
木下誠 訳
状況主義――「五月革命」の起爆剤のひとつとなった芸術＝思想運動――の理論的支柱で、最も急進的かつトータルな現代消費社会批判の書。

論理哲学入門
E・トゥーゲントハット／U・ヴォルフ
鈴木崇夫／石川求訳
論理学とは何か。またそれは言語や現実世界とどんな関係にあるのか。哲学史への確かな目配りと強靭な思索をもって解説するドイツの定評ある入門書。

ニーチェの手紙
茂木健一郎編・解説
塚越敏／眞田収一郎訳
哲学の全歴史を一新させた偉人が、思いを寄せる女性に綴った真情溢れる言葉から、手紙に残した名句まで――書簡から哲学者の真の人間像と思想に迫る。

存在と時間 上・下
M・ハイデッガー
細谷貞雄 訳
哲学の根本課題、存在の問題を、現存在としての人間の時間性の視界から解明した大著。刊行時すでに哲学の古典と称された20世紀の記念碑的著作。

「ヒューマニズム」について
M・ハイデッガー
渡邊二郎 訳
『存在と時間』から二〇年、沈黙を破った哲学者の後期の思想の精髄。「人間」ではなく「存在の真理」の思索を促す、書簡体による存在論入門。

ドストエフスキーの詩学
ミハイル・バフチン
望月哲男／鈴木淳一訳
ドストエフスキーの画期性とは何か？《ポリフォニー論》と《カーニバル論》という、魅力にみちた二視点を提起した先駆的著作。（望月哲男）

歓待について
ジャック・デリダ
アンヌ・デュフールマンテル序論
廣瀬浩司訳
異邦人＝他者を迎え入れることはどこまで可能か？ギリシャ悲劇、クロソウスキーなどを経由し、この喫緊の問いにひそむ歓待の（不）可能性に挑む。

省察
ルネ・デカルト
山田弘明訳
徹底した懐疑の積み重ねから、確実な知識を探り世界を証明づける。哲学入門者が最初に読むべき、近代哲学の源泉たる一冊。詳細な解説付新訳。

哲学原理
ルネ・デカルト
山田弘明／吉田健太郎／久保田進一／岩佐宣明訳・注解
『省察』刊行後、その知のすべてが記された本書は、デカルト形而上学の最終形態といえる。第一部の新訳と解題・詳細な解説を付す決定版。

方法序説
ルネ・デカルト
山田弘明訳
「私は考える、ゆえに私はある」。近代以降すべての哲学は、この言葉で始まった。世界中で最も読まれている哲学書の完訳。平明な徹底解説付。

宗教生活の基本形態（上）
エミール・デュルケーム
山﨑亮訳
宗教社会学の古典的名著を清新な新訳で。オーストラリアのトーテミスムにおける儀礼の研究から、宗教の本質的要素＝宗教生活の基本形態を析出する。

宗教生活の基本形態（下）
エミール・デュルケーム
山﨑亮訳
「最も原始的で単純な宗教」の分析から、宗教を、社会を「作り直す」行為の体系として位置づけ、20世紀人文学の原点となった名著。詳細な訳者解説を付す。

社会分業論
エミール・デュルケーム
田原音和訳
人類はなぜ社会を必要としたか。社会はいかにして発展するか。近代社会学の嚆矢をなすデュルケーム畢生の大著を定評ある名訳で送る。（菊谷和宏）

公衆とその諸問題
ジョン・デューイ
阿部齊訳
大衆社会の到来とともに公共性の成立基盤は衰退した。民主主義は再建可能か？　プラグマティズムの代表的思想家がこの難問を考究する。（宇野重規）

旧体制と大革命
A・ド・トクヴィル
小山勉訳
中央集権の確立、パリ一極集中、そして平等を自由に優先させる精神構造――フランス革命の成果は、実は旧体制の時代にすでに用意されていた。

自然権と歴史
レオ・シュトラウス
塚崎智／石崎嘉彦訳
自然権の否定こそが現代の深刻なニヒリズムをもたらした。古代ギリシアから近代に至る思想史を大胆に読み直し、自然権論の復権をはかる20世紀の名著。

生活世界の構造
アルフレッド・シュッツ／トーマス・ルックマン
那須壽監訳
「事象そのものへ」という現象学の理念を社会学研究で実践し、日常を生きる「普通の人びと」の視点から日常生活世界の「自明性」を究明した名著。

悲劇の死
ジョージ・スタイナー
喜志哲雄／蜂谷昭雄訳
現実の「悲劇」性が世界をおおい尽くしたとき、劇形式としての悲劇は死を迎えた。二〇世紀の悲惨を目のあたりにして描く、壮大な文明批評。

哲学ファンタジー
レイモンド・スマリヤン
高橋昌一郎訳
論理学の鬼才が、軽妙な語り口ながら、切れ味抜群の思考法で哲学から倫理学まで広く論じた対話篇。哲学することの魅力を堪能しつつ、思考を鍛える！

ハーバート・スペンサーコレクション
ハーバート・スペンサー
森村進編訳
自由はどこまで守られるべきか。リバタリアニズムの源流となった思想家の理論の核が凝縮された論考を精選し、平明な訳で送る。文庫オリジナル編訳。

ナショナリズムとは何か
アントニー・D・スミス
庄司信訳
ナショナリズムは創られたものか、それとも自然なものか。この矛盾に満ちた心性の正体を、世界的権威が徹底的に解説する。最良の入門書、本邦初訳。

反解釈
スーザン・ソンタグ
高橋康也他訳
《解釈》を偏重する在来の批評に対し、《形式》を感受する官能美学の必要性をとき、理性や合理主義に対する感性の復権を唱えたマニフェスト。

ニーチェは、今日？
デリダ／ドゥルーズ／リオタール／クロソウスキー
林好雄ほか訳
クロソウスキーの〈陰謀〉、リオタールの〈メタモルフォーズ〉、ドゥルーズの〈脱領土化〉、デリダの〈脱構築的読解〉の白熱した討論。

声と現象
ジャック・デリダ
林好雄訳
フッサール『論理学研究』の綿密な読解を通して、「脱構築」「痕跡」「差延」「代補」「エクリチュール」など、デリダ思想の中心的〟操作子〟を生み出す。

神智学
ルドルフ・シュタイナー　高橋巖訳
神秘主義的思考を明晰な思考に立脚した精神科学へと再編し、知性と精神性の健全な融合をめざしたシュタイナーの根本思想。四大主著の一冊。

いかにして超感覚的世界の認識を獲得するか
ルドルフ・シュタイナー　高橋巖訳
すべての人間には、特定の修行を通して高次の認識を獲得できる能力が潜在している。その顕在化のための道すじを詳述する不朽の名著。

自由の哲学
ルドルフ・シュタイナー　高橋巖訳
社会の一員である個人の究極の自由はどこに見出されるのか。思考は人間に何をもたらすのか。シュタイナー全業績の礎をなしている認識論哲学。

治療教育講義
ルドルフ・シュタイナー　高橋巖訳
障害児が開示するのは、人間の異常性ではなく霊性である。人智学の理論と実践を集大成したシュタイナー晩年の最重要講義。改訂増補決定版。

人智学・心智学・霊智学
ルドルフ・シュタイナー　高橋巖訳
身体・魂・霊に対応する三つの学が、霊視霊聴を通じた存在の成就への道を語りかける。人智学協会の創設へ向け最も注目された時期の率直な声。

ジンメル・コレクション
ゲオルク・ジンメル　北川東子編訳　鈴木直訳
都会、女性、モード、貨幣をはじめ、取っ手や橋・扉にまで哲学的思索を向けた「エッセーの思想家」の姿を一望する新編・新訳のアンソロジー。

否定的なもののもとへの滞留
スラヴォイ・ジジェク　酒井隆史／田崎英明訳
ラカンの精神分析手法でポストモダン的状況を批評してきた著者が、この大部なる主著でドイツ観念論に対峙し、否定性を生き抜く道を提示する。

宴のあとの経済学
E・F・シューマッハー　長洲一二監訳　伊藤拓一訳
『スモール イズ ビューティフル』のシューマッハー最後の書。地産地消を軸とする新たな経済共同体の構築を実例をあげ提言する。（中村達也）

私たちはどう生きるべきか
ピーター・シンガー　山内友三郎監訳
社会の10％の人が倫理的に生きれば、政府が行う社会変革よりもずっと大きな力となる――環境・動物保護の第一人者が、現代に生きる意味を鋭く問う。

マラルメ論
ジャン=ポール・サルトル
渡辺守章／平井啓之訳
思考の極北で〈存在〉そのものを問い直す形而上学的〈劇〉を生きた詩人マラルメ——固有の方法的批判により文学の存立の根拠をも問う白熱の論考。

存在と無（全3巻）
ジャン=ポール・サルトル
松浪信三郎訳
人間の意識の在り方（実存）をきわめて詳細に分析し、存在と無の弁証法を問い究め、実存主義を確立した不朽の名著。現代思想の原点。

存在と無 I
ジャン=ポール・サルトル
松浪信三郎訳
I巻は、「即自」と「対自」が峻別される緒論「存在の探求」から、「対自」としての意識の基本的在り方が論じられる第二部「対自存在」まで収録。

存在と無 II
ジャン=ポール・サルトル
松浪信三郎訳
II巻は、第三部「対他存在」を収録。私と他者との相剋関係を論じた「まなざし」論をはじめ、愛、憎悪、マゾヒズム、サディズムなど具体的な他者論を展開。

存在と無 III
ジャン=ポール・サルトル
松浪信三郎訳
III巻は、第四部「持つ」「為す」「ある」を収録。この三つの基本的カテゴリーとの関連で人間の行動を分析し、絶対的自由を提唱。（北村晋）

公共哲学
マイケル・サンデル
鬼澤忍訳
経済格差、安楽死の幇助、市場の役割など、私達が現代の問題を考えるのに必要な思想とは？　ハーバード大講義で話題のサンデル教授の主著、初邦訳。

パルチザンの理論
カール・シュミット
新田邦夫訳
二〇世紀の戦争を特徴づける「絶対的な敵」殲滅の思想の端緒を、レーニン・毛沢東らの《パルチザン》戦争という形態のなかに見出した画期的論考。

政治思想論集
カール・シュミット
服部平治／宮本盛太郎訳
現代新たな角度で脚光をあびる政治哲学の巨人が、その思想の核を明かしたテクストを精選して収録。権力の源泉や限界といった基礎もわかる名論文集。

神秘学概論
ルドルフ・シュタイナー
高橋巖訳
宇宙論、人間論、進化の法則と意識の発達史を綴り、シュタイナー思想の根幹を展開する——四大主著の一冊、渾身の訳し下し。（笠井叡）

死にいたる病
S・キルケゴール
桝田啓三郎訳

死にいたる病とは絶望であり、絶望を深く自覚し神の前に自己をすてる。実存的な思索の深まりをデンマーク語原著から訳出し、詳細な注を付す。

ニーチェと悪循環
ピエール・クロソウスキー
兼子正勝訳

永劫回帰の啓示がニーチェに与えたものは、同一性の下に潜在する無数の強度の解放である。二十一世紀にあざやかに蘇る、逸脱のニーチェ論。

世界制作の方法
ネルソン・グッドマン
菅野盾樹訳

世界は「ある」のではなく、「制作」されるのだ。芸術・科学・日常経験・知覚など、幅広い分野で徹底した思索を行ったアメリカ現代哲学の重要著作。

新編 現代の君主
アントニオ・グラムシ
上村忠男編訳

労働運動を組織しイタリア共産党を指導したグラムシ。獄中で綴られたそのテキストから、いま読み直されるべき重要な29篇を選りすぐり注解する。

孤島
ジャン・グルニエ
井上究一郎訳

「島」とは孤独な人間の謂。透徹した精神のもと、話者の綴る思念と経験が啓示を放つ。カミュが本書との出会いを回想した序文を付す。（松浦寿輝）

ハイデッガー『存在と時間』註解
マイケル・ゲルヴェン
長谷川西涯訳

難解をもって知られる『存在と時間』全八三節の思考を、初学者にも一歩一歩追体験させ、高度な内容を読者に確信させ納得させる唯一の註解書。

色彩論
ゲーテ
木村直司訳

数学的・機械論的近代自然科学と一線を画し、自然の中に「精神」を読みとろうとする特異で巨大な自然観を示した思想家・ゲーテの不朽の業績。

倫理問題101問
マーティン・コーエン
榑沼範久訳

何が正しいことなのか。医療・法律・環境問題等、私たちの周りに溢れる倫理的なジレンマから101の題材を取り上げて、ユーモアも交えて考える。

哲学101問
マーティン・コーエン
矢橋明郎訳

全てのカラスが黒いことを証明するには？ コンピュータと人間の違いは？ 哲学者たちが頭を捻った101問を、譬話で考える楽しい哲学読み物。

プラトンに関する十一章
アラン
森進一訳
『幸福論』が広く静かに読み継がれているモラリスト、アラン。卓越した哲学教師でもあった彼が平易かつ明快にプラトン哲学の精髄を説いた名著。

コンヴィヴィアリティのための道具
イヴァン・イリイチ
渡辺京二／渡辺梨佐訳
破滅に向かう現代文明の大転換はまだ可能だ！　人間本来の自由と創造性が最大限活かされる社会をどう作るか。イリイチが遺した不朽のマニフェスト。

重力と恩寵
シモーヌ・ヴェイユ
田辺保訳
「重力」に似たものから、どのようにして免れればよいのか……ただ「恩寵」によって。苛烈な自己無化への意志に貫れた、独自の思索の断想集。ティボン編。

工場日記
シモーヌ・ヴェイユ
田辺保訳
人間のありのままの姿を知り、愛し、そこで生きたい——女工となった哲学者が、極限の状況で自己犠牲と献身について考え抜き、克明に綴った、魂の記録。

青色本
L・ウィトゲンシュタイン
大森荘蔵訳
「語の意味とは何か」。端的な問いかけで始まるこのコンパクトな書は、初めて読むウィトゲンシュタインとして最適な一冊。（野矢茂樹）

法の概念〔第3版〕
H・L・A・ハート
長谷部恭男訳
法とは何か。ルールの秩序という観念でこの難問に立ち向かい、法哲学の新たな地平を拓いた名著。批判に応える「後記」を含め、平明な新訳でおくる。

解釈としての社会批判
マイケル・ウォルツァー
大川正彦／川本隆史訳
社会の不正を糺すのに、普遍的な道徳を振りかざすだけでは有効でない。暮らしに根ざしながら同時にラディカルな批判が必要だ。その可能性を探究する。

ポパーとウィトゲンシュタインとのあいだで交わされた世上名高い10分間の大激論の謎
デヴィッド・エドモンズ／ジョン・エーディナウ
二木麻里訳
このすれ違いは避けられない運命だった？　二人の思想の歩み、そして大激論の真相に、ウィーン学団の人間模様やヨーロッパの歴史的背景から迫る。

大衆の反逆
オルテガ・イ・ガセット
神吉敬三訳
二〇世紀の初頭、《大衆》という現象の出現とその功罪を論じながら、自ら進んで困難に立ち向かう《真の貴族》という概念を対置した警世の書。

ニーチェ
オンフレ／ロワ
國分功一郎訳
現代哲学の扉をあけた哲学者ニーチェ。激烈な思想に似つかわしくも激しいその生涯を描く。フランス発のオールカラー・グラフィック・ノベル。

空間の詩学
ガストン・バシュラール
岩村行雄訳
家、宇宙、貝殻など、さまざまな空間が喚起する詩的イメージ。新たなる想像力の現象学を提唱し、人間の夢想に迫るバシュラール詩学の頂点。

リキッド・モダニティを読みとく
ジグムント・バウマン
酒井邦秀訳
変わらぬ確かなものなどもはや何一つない現代世界。社会学の泰斗が身近な出来事や世相から〈液状化〉の具体相に迫る真摯で痛切な論考。文庫オリジナル。

社会学の考え方〔第2版〕
ジグムント・バウマン／ティム・メイ
奥井智之訳
日常世界はどのように構成されているのか。日々変化する現代社会をどう読み解くべきか。読者を〈社会学的思考〉の実践へと導く最高の入門書。新訳。

コミュニティ
ジグムント・バウマン
奥井智之訳
グローバル化し個別化する世界のなかで、コミュニティはいかなる様相を呈しているか。安全をとるか、自由をとるか。代表的社会学者が根源から問う。

ウンコな議論
ハリー・G・フランクファート
山形浩生訳／解説
ごまかし、でまかせ、いいのがれ。なぜ世の中、こんなものがみちるのか。道徳哲学の泰斗がその正体とカラクリを解く。爆笑必至の訳者解説を付す。

世界リスク社会論
ウルリッヒ・ベック
島村賢一訳
迫りくるリスクは我々から何を奪い、何をもたらすのか。『危険社会』の著者が、近代社会の根本原理をくつがえすリスクの本質と可能性に迫る。

民主主義の革命
エルネスト・ラクラウ／シャンタル・ムフ
西永亮／千葉眞訳
グラムシ、デリダらの思想を摂取し、根源的で複数的なデモクラシーへ向けて、新たなヘゲモニー概念を提示した、ポスト・マルクス主義の代表作。

鏡の背面
コンラート・ローレンツ
谷口茂訳
人間の認識システムはどのように進化してきたのか、そしてその特徴とは。ノーベル賞受賞の動物行動学者が試みた抱括的知識による壮大な総合人間哲学。

本書は二〇一一年五月十日、筑摩書房より刊行された。

文　献

本文中で引用した書物のみを挙げる。イタリア語ないし他言語に翻訳されたものは、実際に有用だった場合のみ指示する。〔訳者の判断で、アガンベンが引用しているにもかかわらず書誌情報を明記していない文献、および既存の邦訳文献を亀甲括弧に括って追加した。〕

〔Anonymus

1879　“Summa sententiarum,” in *Patrologiae cursus completus, Series latina* [P. L.], accurante Jacques-Paul Migne, tomus CLXXVI, Apud Garnier fratres, Parisiis.〕

〔Aristoteles

1831-1870　*Opera,* edidit Academia Regia Borussica, Apud Georgium Reimerum, Berolini, 5 vols.（『アリストテレス全集』（全17冊）出隆監修、岩波書店、1968〜73年）〕

〔Augustinus, Aurelius

1841　“De Civitate Dei,” in *Opera omnia*, VII. *Patrologiae cursus completus, Series latina* [P. L.], accurante Jacques-Paul Migne, tomus XLI, Apud Garnier fratres, Parisiis.（『神の国』服部英次郎、藤本雄三訳、岩波文庫、1982〜91年）

1841　“Contra Epistolam Parmeniani,” in *Opera omnia*, IX. *Patrologiae cursus completus, Series latina* [P. L.], accurante Jacques-Paul Migne, tomus XLIII, Apud Garnier fratres, Parisiis.〕

Benjamin, Walter

1974　“Über den Begriff der Geschichte,” in *Gesammelte Schriften*, herausgegeben von Rolf Tiedemann und Hermann Schweppenhäuser, I, 2, Suhrkamp, Frankfurt a. M.（1940[1]）.〔「歴史の概念について」浅井健二郎訳、『近代の意味』（ベンヤミン・コレクション第1巻）所収、ちくま学芸文庫、1995年〕

1977　“Über das mimetische Vermogen,” in *Gesammelte Schriften*, herausgegeben von Rolf Tiedemann und Hermann Schweppenhäuser, II, 1, Suhrkamp, Frankfurt a. M.（1933[1]）.〔「模

倣の能力について」内村博信訳、『エッセイの思想』(ベンヤミン・コレクション第2巻) 所収、ちくま学芸文庫、1996年〕

1982 *Das Passagenwerk*, in *Gesammelte Schriften*, herausgegeben von Rolf Tiedemann und Hermann Schweppenhäuser, V, 1, Suhrkamp, Frankfurt a. M.〔『パサージュ論』(全5冊) 今村仁司ほか訳、岩波現代文庫、2003年〕

Benveniste, Émile

1969 *Le Vocabulaire des institutions indo-européennes*, Éditions de Minuit, Paris, 2 vols.〔『インド=ヨーロッパ諸制度語彙集』前田耕作監修、蔵持不三也ほか共訳、言叢社、1986～87年〕

1974 *Problèmes de linguistique générale*, II, Gallimard, Paris.〔『言葉と主体――一般言語学の諸問題』阿部宏監訳、岩波書店、2013年〕

Bergson, Henri

1949 "Le Souvenir du présent et la fausse reconnaissance," in *L'Énergie spirituelle*, PUF, Paris (1919[1]).〔「現在の想起と再認錯誤」竹内信夫訳、『精神のエネルギー』(新訳ベルクソン全集第5巻) 所収、白水社、2014年〕

Böhme, Jakob

1955 *Sämtliche Werke*, herausgegeben von Will-Erich Peukert, VI, Frommann, Stuttgart.〔「シグナトゥーラ・レールム」南原実訳、『ヤコブ・ベーメ』(キリスト教神秘主義著作集第13巻) 所収、教文館、1989年〕

Boureau, Alain

2004 *Le Pape et les sorciers. Une consultation de Jean XXII sur la magie en 1320 (manuscrit B. A. V. Borghese 348)*, École Française de Rome, Rome.

Caruth, Cathy

1996 *Unclaimed Experience. Trauma, Narrative and History*, John Hopkins University Press, Baltimore.〔『トラウマ・歴史・物語――持ち主なき出来事』下河辺美知子訳、みすず書房、2005年〕

Derrida, Jacques

1972 *Marges de la philosophie*, Éditions de Minuit, Paris.〔『哲学の余白』(全2冊) 高橋允昭、藤本一勇訳、法政大学出版局、2007～08年〕

〔Diderot, Denis et d'Alembert, Jean Le Rond (dir.)

1751-72 *Encyclopédie ou Dictionnaire raisonné des sciences, des arts et des métiers,* Chez Briasson *et al.,* Genève-Paris-Neufchastel.〕

Dreyfus, Hubert L. and Rabinow, Paul

1983 *Michel Foucault. Beyond Structuralism and Hermeneutics. With an Afterword by and an Interview wlth Michel Foucault,* University of Chicago Press, Chicago (trad. fr. *Michel Foucault, un parcours philosophique. Au-delà de l'objectivité et de la subjectivité.* Avec un entretien et deux essais de Michel Foucault, Gallimard, Paris 1992).〔『ミシェル・フーコー――構造主義と解釈学を超えて』山形頼洋ほか訳、筑摩書房、1996年〕

Dumézil, Georges

1968-73 *Mythe et epopée,* Gallimard, Paris, 3 vols.

〔Festus, Sextus Pompeius

1913 *De verborum significatu quae supersunt cum Pauli epitome,* Thewrewkianis copiis usus edidit Wallace M. Lindsay, B. G. Teubneri, Lipsiae.〕

Foucault, Michel

1966 *Les Mots et les choses. Une archéologie des sciences humaines,* Gallimard, Paris.〔『言葉と物』渡辺一民、佐々木明訳、新潮社、1974年〕

1969 *L'Archéologie du savoir,* Gallimard, Paris.〔『知の考古学』中村雄二郎訳、改訳新版、河出書房新社、1981年〕

1975 *Surveiller et punir. Naissance de la prison,* Gallimard, Paris (trad. it. *Sorvegliare e punire. Nascita della prigione,* Einaudi, Torino 1993[2]).〔『監獄の誕生――監視と処罰』田村俶訳、新潮社、1977年〕

1994 *Dits et écrits,* sous la direction de Daniel Defert et François Ewald, avec la collaboration de Jacques Lagrange, Gallimard, Paris, 4 vols.〔『思考集成』(全10冊)蓮實重彥、渡辺守章監修、筑摩書房、1998～2002年〕

Freud, Sigmund

1914 "Der Moses des Michelangelo," *Imago,* III, 1 (trad. it. "Il Mosè di Michelangelo," in *Opere,* a cura di Cesare L. Musatti, VII: *1912-1914. Totem e tabù e altri scritti,* Boringhieri, Torino 1975).〔「ミケランジェロのモーセ像」渡辺哲夫訳、『フロイト全集』第13巻所

収、岩波書店、2010年〕
1939 *Der Mann Moses und die monotheistische Religion*, De Lange, Amsterdam (trad. it. "L'uomo Mosè e la religione monoteistica. Tre saggi," in *Opere*, a cura di Cesare L. Musatti, XI: *1930–1938. L'uomo Mosè e la religione monoteistica e altri scritti*, Boringhieri, Torino 1979).〔「モーセという男と一神教」渡辺哲夫訳、『フロイト全集』第22巻所収、岩波書店、2007年〕

Ginzburg, Carlo
1986 *Miti emblemi spie. Morfologia e storia*, Einaudi, Torino.〔『神話・寓意・徴候』竹山博英訳、せりか書房、1988年〕

Goethe, Johann Wolfgang von
1949–52 *Naturwissenschaftliche Schriften*, herausgegeben von Ernst Beutler, I–II, in *Gedenkausgabe der Werke, Briefe und Gespräche*, XVI–XVII, Artemis-Verlag, Zurich.〔『ゲーテ全集』(全15冊)、新装普及版、潮出版社、2003年〕

Goldschmidt, Victor
1985 *Le Paradigme dans la dialectique platonicienne*, Vrin, Paris (1947[1]).

Heidegger, Martin
1972 *Sein und Zeit*, Niemeyer, Tübingen (1927[1]).〔『存在と時間』(全2冊) 細谷貞雄訳、ちくま学芸文庫、1994年〕

Herbert of Cherbur
1645 *De veritate*, 2nd ed., London (Nachdruck, herausgegeben von Günter Gawlick, Frommann, Stuttgart-Bad Cannstatt 1966).

〔Hofmannsthal, Hugo von
1982 "Der Tor und der Tod," in *Sämtliche Werke, Kritische Ausgabe*, III, *Dramen*, 1, S. Fischer, Frankfurt a. M. (「痴人と死」富士川英郎訳、『ホーフマンスタール選集』第1巻所収、河出書房新社、1974年〕

〔Hugonis de S. Victore
1879 "De sacramentis Christianae fidei," in *Patrologiae cursus completus, Series latina* [P. L.], accurante Jacques-Paul Migne, tomus CLXXVI, Apud Garnier fratres, Parisiis.〕

Iamblichos
1516 *Iamblichus de mysteriis Aegyptiorum, Chaldaeorum,*

Assyriorum... Proclus de sacrificio, & magia... Marsilio Ficino florentino interprete, in aedibus Aldi, Venetiis.

1966 *Les Mystères d'Egypte*, texte établi et traduit par Édouard Des Places, Les Belles Lettres, Paris.

Kant, Immanuel

1942 "Lose Blätter zu den Fortschritten der Metaphysik," in *Gesammelte Schriften. Akademie-Ausgabe*, III, De Gruyter, Berlin.

1973 "Philosophische Enzyklopädie," in *Gesammelte Schriften. Akademie-Ausgabe*, XXIX, De Gruyter, Berlin.〔「哲学的エンチュクロペディー講義」城戸淳訳、『世界の視点——変革期の思想』所収、新潟大学大学院現代社会文化研究科、2004年〕

1974a "Kritik der Urtheilskraft," in *Werkausgabe*, herausgegeben von Wilhelm Weischedel, X, Suhrkamp, Frankfurt a. M.〔「判断力批判」牧野英二訳、『カント全集』第8～9巻、岩波書店、1999～2000年〕

1974b "Logik," in *Werkausgabe*, herausgegeben von Wilhelm Weischedel, VI, Suhrkamp, Frankfurt a. M.〔「論理学」井上義彦、湯浅正彦訳、『カント全集』第17巻所収、岩波書店、2001年〕

Kuhn, Thomas S.

1970 *The Structure of Scientific Revolutions*, Chicago University Press, Chicago (1962[1]; trad. it. *La struttura delle rivoluzioni scientifiche*, Einaudi, Torino 1978).〔『科学革命の構造』中山茂訳、みすず書房、1971年〕

Lévi-Strauss, Claude

1950 "Introduction à l'œuvre de Marcel Mauss," in Marcel Mauss, *Sociologie et anthropologie*, PUF, Paris.〔「マルセル・モース論文集への序文」、マルセル・モース『社会学と人類学』(全2冊) 有地亨、伊藤昌司、山口俊夫共訳、弘文堂、1973年〕

Luzzatto, Moïse Hayyim

1991 *Le Philosophe et le cabaliste. Exposition d'un débat*, trad., introd. et annoté par Joëlle Hansel, Verdier, Lagrasse.

Mauss, Marcel

1950 *Sociologie et anthropologie*, PUF, Paris.〔『社会学と人類学』(全2冊) 有地亨、伊藤昌司、山口俊夫共訳、弘文堂、1973年〕

Meillet, Antoine

1975 *Linguistique historique et linguistique générale*, Champion, Paris (1921[1]).

Melandri, Enzo

1967 "Michel Foucault: l'epistemologia delle scienze umane," *Lingua e stile*, II, pp. 75–96.

1970 "Note in margine all' «episteme» di Foucault," *Lingua e stile*, V, pp. 145–156.

2004 *La linea e il circolo. Studio logico-filosofico sull'analogia*, Quodlibet, Macerata (1968[1]).

Milo, Daniel S.

1991 *Trahir le temps. Histoire*, Les Belles Lettres, Paris.

〔More, Henry

1655 *An antidote against atheism, or, An appeal to the naturall faculties of the minde of man, whether there be not a God*, 2nd ed. corr. and enl., J. Flesher, London (1653[1]; repr. edited by Graham Alan John Rogers, Thoemmes Press, Bristol, 1997).〕

Noailles, Pierre

1948 *Fas et jus. Études de droit romain*, Les Belles Lettres, Paris.

Overbeck, Franz

1996 *Kirchenlexicon Materialen. Christentum und Kultur*, herausgegeben von Barbara von Reibnitz, in *Werke und Nachlass*, VI, 1, Metzler, Stuttgart-Weimar.

Paracelsus

1859 *Bücher und Schriften*, herausgegeben von Johannes Huser, Waldkirch, Basel, 6 vols. (Nachdruck, Olms, Hildesheim-New York).

Pingree, David (ed.)

1986 *Picatrix. The Latin Version of the Gayat al-hakim*, The Warburg Institute-University of London, London.〔『ピカトリクス』大橋喜之訳、八坂書房、2017年〕

〔Platon

1899–1906 *Opera*, recognovit brevique adnotatione critica instrvxit Ioannes Burnet, E Typographeo Clarendoniano, Oxonii, 5 vols.(『プラトン全集』(全16冊)田中美知太郎、藤澤令夫編、岩波書店、1974～78年)〕

Prodi, Paolo

1992 *Il sacramento del potere. Il giuramento politico nella storia costituzionale dell'Occidente*, il Mulino, Bologna.

Ricœur, Paul

1965 *De l'interprétation. Essai sur Freud*, Éditions du Seuil, Paris.〔『フロイトを読む――解釈学試論』久米博訳、新曜社、1982年〕

Saussure, Ferdinand de

1971 *Ms. Fr. 3961*, in Jean Starobinski, *Les Mots sous les mots. Les Anagrammes de Ferdinand de Saussure*, Gallimard, Paris.〔『ソシュールのアナグラム――語の下に潜む語』金澤忠信訳、水声社、2006年〕

Schmitt, Carl

1970 *Politische Theologie*, II. *Die Legende von der Erledigung jeder politischen Theologie*, Duncker & Humblot, Berlin.〔『政治神学』田中浩、原田武雄訳、未来社、1971年〕

〔Stevens, Wallace

1954 *The collected poems of Wallace Stevens*, Alfred A. Knopf, New York.(『場所のない描写』加藤文彦、酒井信雄訳、国文社、1986年)〕

〔Thomas Aquinas

1888-1906 *Summa theologiae. Opera omnia*, IV-XII, iussu impensaque Leonis XIII P. M. edita, Ex Typographia Polyglotta, Roma.(『神学大全』(全45冊)高田三郎ほか訳、創文社、1960〜2012年)〕

Usener, Hermann

2000 *Götternamen. Versuch einer Lehre von der religiosen Begriffsbildung*, Klostermann, Frankfurt a. M. (1896[1]).

Virno, Paolo

1991 "Un dedalo di parole. Per un'analisi linguistica della metropoli," in Massimo Ilardi (a cura di), *La città senza luoghi. Individuo, conflitto, consumo nella metropoli*, Costa & Nolan, Genova.

Warburg, Aby

1922 "Italienische Kunst und internationale Astrologie im Palazzo Schifanoia zu Ferrara," in AA.VV., *L'Italia e l'arte straniera*. Atti del X Congresso internazionale di storia dell'arte, Maglione &

Strini, Roma (trad. it. "Arte italiana e astrologia internazionale nel Palazzo Schifanoia di Ferrara," in Aby Warburg, *La rinascita del paganesimo antico. Contributi alla storia della cultura raccolti da Gertrud Bing*, La Nuova Italia, Firenze 1966).〔「フェッラーラのスキファノイア宮におけるイタリア美術と国際的占星術」伊藤博明訳、『デューラーの古代性とスキファノイア宮の国際的占星術』(ヴァールブルク著作集第5巻) 所収、ありな書房、2003年〕

2000 *Das Bilderatlas Mnemosyne*, herausgegeben von Martin Warnke, unter Mitarbeit von Claudia Brink, Akademie-Verlag, Berlin.〔『ムネモシュネ・アトラス』(ヴァールブルク著作集別巻第1巻)、ありな書房、2012年〕

人名索引

【サ】

【タ】

【ナ】

【マ】

【ヤ】

【ラ】